古代氏族の研究⑦

三輪氏

大物主神の祭祀者

宝賀寿男

青垣出版

目次

装幀／松田　晴夫（クリエイティブ・コンセプト）
見返し写真／三輪山と磯城地方の水田

一　序説

三輪氏とはなにか―本書の目的

日本神話のうち、いわゆる「出雲」神話と呼ばれるものの主要人物が大国主命であり、素戔嗚《すさのお》神の後裔とか子とかといわれる。そして『新撰姓氏録』の大和神別の大神《おおみわ》朝臣条では、「素佐能雄命の六世孫の大国主の後」と記される。記紀神話では、大国主は少彦名神と協力して天下の経営を行い、高天原に国譲りをしてからは出雲の大きな神殿に引き籠もったとあるが、その子孫が残って大和の三輪《みわ》氏となったと伝える。

三輪氏は奈良盆地東南部の磯城地方を本拠として、なだらかな円錐形の三輪山を祭祀し、その山に鎮座する大物主神の後裔という系譜をもった。大物主神と大国主神との関係は分かりにくいが、大国主神こと大己貴《おおなむち》神が、自らの幸魂《さきみたま》・奇魂《くしみたま》を大和の三輪山に鎮め、大物主神の御名をもって祀られたと伝える。これは両者が同じ神ということであり、この祭祀が、大神《おおみわ》神社のはじまりとされる。わが国で最古級の祭祀といわれる。

この神社に古来奉仕してきたのが三輪氏で、はじめは三輪君といい、天武天皇十三年（六八四）の八色《やくさのかばね》の姓制定時には朝臣姓を賜って大神《おおみわ》朝臣となった（本書では、適宜、三輪とも大神とも表記）。

その子孫は連綿と続いて中世を生き抜き現在に至るが、崇神天皇のときに和泉から見出された大田田根子《おおたたねこ》のあとが血脈で細々ながらでもつながっているから、系譜的にはあまり問題がなさそうでもある。ただ、上古来、この地域にあった磯城県主との関係が必ずしも明確ではない事情もあるから、この辺は検討を要する。

三輪氏は古来の名族ではあっても、上古代はともかく、奈良時代中期以降では政治的にあまり大きな役割を果たしたわけでもない。だから、氏族研究の意義がさほどあるとは思われないという感触も学界にあってか、これまで研究者や三輪氏関連の論考はあまり多くはなかった。この古代氏族の研究シリーズでも、和珥氏に始まり、葛城・阿倍・大伴・中臣・息長の諸氏と続いてきたが、早い時期に

三輪山

取り上げることもなさそうであった。

しかし、大和の古代豪族のなかでも高い地位にあった三輪氏を取り上げて、各氏族との関係を総合的に考える時期にそろそろきたのではないかと思われる。これまでの学界等の論調を見ても、大己貴神や記紀神話に現れる「出雲」についてなど、三輪氏一族の活動やその神統譜に関する誤解が甚だしいと感じる。それとともに、最近、新進学究の鈴木正信氏が精力的に三輪氏関係の論考を発表し続けており、二〇一二年に『日本古代氏族系譜の基礎的研究』、続いて一四年には『大神氏の研究』という著作も刊行された。併せていうと、この十年ほどのうちでは、近隣の纏向遺跡の発掘が進むと共に、大和王権も含めて、「三輪山の神々」とか「三輪山の古代史」などというテーマで三輪山をめぐる論考集が次々に刊行されてきた事情もある。これら諸分野の研究の進展を踏まえて、三輪氏に関する諸問題を総合的に再検討して整理し、古代氏族全体のなかで整合性のとれた位置づけで三輪氏の具体像を提示する必要があろう。

三輪氏について始源から見直してみると、これまでの研究は総じて言うと、上古からの大きな日本歴史の流れのなかで、この氏族を祭祀面や同族分布も含めて総合的に研究・評価するものとはなっていないように思われる。それは、肝腎の遠祖神の大己貴神や大物主神の実像を、研究者なり学界が的確に把握してこなかった事情に由来するのではなかろうか。それも、「神話」ということで簡単に切り捨ててきた姿勢の影響と思われる。

三輪氏の概観

本書での三輪氏の詳細な検討の前に、これまで一般に把握・理解されてきた三輪氏の姿を概観しておきたい。本書を読み終えたときに読者の皆様が受けとめられたものとの比較対照になるからでもある。三輪氏について、その要点は次のようなものとなろう。

三輪氏は、大和国の磯城地方（城上・城下両郡で、現・奈良県の桜井市及び磯城郡、天理市南部のあたりの地域）を勢力圏とし、とくに『和名抄』の城上郡大神《おおみわ》郷（桜井市三輪）を本拠とした古代豪族である。『姓氏録』では神別の「地祇《ちぎ》」という分類に入る氏であって、そのなかでは最有力であった。居地では、式内名神大社の大神神社（「大神大物主神社」という名で『延喜式』神名帳に掲載）を奉斎した。氏の名は、大三輪とも大神とも書き、これが地名に因むとされるが、氏の名は三輪山の神の伝承や遠祖神の位置づけにも因みそうで、地名との前後関係は必ずしも明確ではない。

姓は当初が君であり、天武十三年に朝臣姓への改賜姓五十二氏の筆頭にあげられる。持統五年（六九一）に朝廷の有力十八氏に対して祖先の墓記（家の歴史）を上進させたときにも、第一位に見える（前者では①大三輪君、②大春日臣、③阿倍臣、④巨勢臣……という順であり、後者では①大三輪、②雀部〔巨勢同族〕、③石上、④藤原…⑥巨勢…⑧春日……⑭阿倍……という順。これを提出順に記載したとみるのは、朝臣賜姓の順から考えても疑問が大きい）。このように、飛鳥時代の後半期（文化史的には白鳳時代）の朝廷では、氏族として高い地位にあった。

記紀では、崇神朝に見出された大田田根子《おおたたねこ》（『古事記』に意富多多泥古）は大物主神の後裔で、三輪君らの祖と見える。大田田根子が御諸山（三輪山）の神を祀ったところ、当時流行っていた疫病が止んだと伝える。『姓氏録』では「素佐能雄命の六世孫の大国主の後」とある。

その後の一族・族人が『日本書紀』（以下、『書紀』とも記す）には二十人弱もの多数、登場する。

そのうち主な動向について同書の記事を中心に見ていくと、三輪君祖の大友主は垂仁朝に天日槍《あめのひぼこ》が来朝したときにこれを尋問したとあり、仲哀天皇崩御後には中臣・物部・大伴氏とともに四大夫の一人として宮中を守った。その後暫く期間をおいて、敏達十四年（五八五）に三輪君逆《さかふ》は排仏派として、物部連守屋・中臣連磐余と共に寺塔を焼いて仏像を捨て、翌年の用明元年（五八六）には穴《あな》穂部《ほべ》皇子が殯宮《もがりのみや》で炊屋《かしぎや》姫皇后（後の推古女帝）を犯そうとしたときに敏達天皇寵臣の三輪逆が宮門を防いで皇后を守った。これを恨んだ穴穂部皇子は、三輪同族の白堤・横山の密告をうけて逆君の所在場所を知り、物部守屋とともに攻め殺している。皇極朝には、三輪文屋君が蘇我氏による上宮王家襲撃事件で山背大兄王とともに生駒山へ逃れる事件がおき、このとき死んだとされる。このように大化前代でも、三輪氏一族は政治的にかなりの活動をしてきた。

三輪氏は海外関係でも多くの活動を見せる。孝徳天皇の大化元年（六四五）に三輪栗隈君東人は任那の境を見に行き、同五年（六四九）五月には、三輪君色夫《しこぶ》が新羅に派遣された。天智天皇二年（六六三）三月にも三輪君根麻呂が新羅征討の中将軍に任命され、さらに天武天皇十三年（六八四）に三輪引田《ひきた》君難波麻呂が大使として高句麗に行っている。

天智天皇崩御後の壬申の乱（六七二）にあっては、六月に伊勢介三輪真神田《まかむた》君子首《こびと》は大海人皇子を鈴鹿郡（三重県鈴鹿市・亀山市あたり）に迎え、同年七月には三輪君高市麻呂らが三輪山麓の箸陵（桜井市箸中のいわゆる箸墓古墳）付近で激戦して、近江朝廷軍に大勝した。これらの壬申の乱における一族の活躍が天武・持統朝における三輪氏の地位を高めたが、これが天武十三年の朝臣賜姓につながり、大神朝臣となった。

持統天皇六年（六九二）三月、中納言大神高市麻呂は天皇の伊勢行幸が当地の農事を妨げるとして取止めの諫言を再度したが、天皇はこれに従わず伊勢御幸をされた。この前月には弟の大神安麻呂が判事になり、後に安麻呂は兵部卿従四位上、妹の豊島売は命婦従四位上、娘の妹子も命婦となったから、このときが三輪氏の最盛期だった。

以上のような奈良時代までの活動に対し、平安時代以降では、大神朝臣一族からは著名人は殆ど出ないまま、中堅官人として暫くは続いた。平安中期頃になると族人の活動が史料に殆ど見えなくなり、氏は沈滞した。それでも、永く大神神社の祠官を世襲していき、これが近代に至った。南北朝期には、大神神主の三輪西阿（勝房）の一族が南朝方で活動したが、それくらいであって、その後の三輪氏の活動は中世・近世はほとんど現れない。

大神氏の一族としては、雅楽を伝えた中下級官人（喜多、山井などの諸家）があり、地方では、欽明朝に豊前の宇佐八幡神を斎いた大神比義《ひぎ》が知られ、その子孫は宇佐神宮の大宮司職をつとめ、やがて同職は平安後期以降は宇佐氏にとって替わられたものの、後裔の数家（権大宮司の祝家、装束所検校の小山田家など）が長く祠官として奉仕し続けた。中世史料に大神朝臣で見えるのは、殆どが楽人か宇佐祠官の大神氏である。豊後に武家の大神氏一族もあって、中世によく知られ、豊後介大神朝臣良臣《よしおみ》の後裔を称して、緒方・臼杵・大野・阿南・稙田など多くの諸氏が分出し、一族は豊後及び日向北部に繁衍した。

三輪氏関係の系図史料

大和の三輪氏は中世の活躍が殆ど見えず、中世の有力武家も出さないから、『尊卑分脈』に掲載がなく、『群書類従』には続編のほうに楽家大神氏を掲載するくらいで、三輪一族ではそれ以外の系図が見えない（同族で陰陽道の賀茂氏は『尊卑分脈』『群書類従』に見えるが）。上古代の部分の系譜は、『旧事本紀』地祇《ちぎ》本紀（以下では、たんに「地祇本紀」とも記す。〔註〕参照）にスサノヲ尊（素戔烏尊、素盞嗚神）から大友主命兄弟の世代まで見える。この系譜はこれまであまり検討されていないが、上古の三輪氏の歴代について後世の系図に対してかなりの影響を及ぼしたとみられる。溝口睦子氏も、「全体としては非常に古い資料にもとずいたすこぶる貴重な文献」と評価する（『日本古代氏族系譜の成立』）。

〔註〕地祇本紀　『旧事本紀』では巻第四におかれる。巻第二「神祇本紀」を受けて、宗像三女神の誕生から始まり、素戔嗚尊の新羅次いで出雲への降臨、八岐大蛇退治、大己貴神と少彦名神の国造り、大三輪大神の登場、大己貴神の天羽車に乗っての妻問い、稲羽の素兎伝承、根国訪問、沼河姫への求婚、素戔嗚尊と大己貴神の事績などが語られており、記紀のいわゆる出雲神話の簡潔な記事にあたるが、若干の異伝もあり、その後ろに、大己貴神の後裔の系譜も記載される。

大神神社の神主家で近代まで続いた三輪氏本宗の高宮家には、『大神朝臣本系牒略』（中田憲信編『諸系譜』、鈴木真年の『百家系図稿』巻十三や鈴木正信氏の『日本古代氏族系譜の基礎的研究』に所収。以下では『本系牒略』と略記）と『三輪高宮家系図』（以下では『高宮家系』と略記）が所蔵される。後者のほうは、『三輪叢書』『大神神社史料』『神道大系』に掲載され、『姓氏家系大辞典』にも主要部が転載されるから、三輪氏の系図としてよく知られる。『本系牒略』には、「最近まで存在すら知られていなかったという経緯がある」と鈴木正信氏が記すが、これは、上記の明治の鈴木真年・中田憲信の採録からいって誤解である（拙著の『古代氏族系譜集成』〔一九八六年刊〕にもその書名を記載する）。

これら両系図については、鈴木正信氏が諸書掲載の関係系図を比較して綿密で的確な検討を加えている。『高宮家系』の成立が明治前期の高宮義房の手により（高宮家で最後の大神神主。明治十六～二六年〔一八八三～九三〕に作成とみる）、『本系牒略』は江戸後期、十八世紀後葉の寛政年間に高宮信房（義房の曽祖父）の手によると判断されたが、こうした両系図の成立の遅さには十分に留意される。

両系図は、三輪氏の古代からの系図を考える場合、十分考慮する必要のあることはいうまでもない。しかし、三輪氏一族は全国に支族が多いから関係の系図はこれらに限られるものでもないし、両系図が最も史実・原型に近いというわけでは必ずしもない。高宮家では慶長年間の火災で祖系に関する記録を失った事情もある。両系図の成立前に支族等により書き写された系図もある。一般に、他の氏族にあっても、早くに分かれて遠い別地にあった支庶家のほうに却って貴重な系譜・古伝が残されることもあるので、多くの関係史料と比較検討をした上で、総合的に三輪氏の系譜原型を考える必要がある。

明治に系譜の収集・研究に精力的な活動をした鈴木真年・中田憲信関係の系譜史料のなかには、三輪氏の支族諸氏まで含めるとかなり多数の系図が見える。なかでも最も詳細で比較的信頼がおけそうなのが、明治の大審院長児島惟謙《これかた》の家に伝わる系図である。裁判官であった中田憲信が法曹関係者から収集した系図のなかにそれがあり、憲信編の『諸系譜』の第廿六冊に「大神氏児島系図」（以下、「児島系図」という。記事から見て、明治廿二年〔一八八九〕四月下旬以降に憲信が収集）として所載される。上記の大和高宮家の『高宮家系』『本系牒略』等とは別系統の系図で、九州のほうに伝わっており、内容的にはそれよりも詳細で信頼がおけそうな部分もある。私が『古代氏族系図集成』を編纂したときは当該系図に気づかずにおり、同書に記載した三輪君氏の系譜は、当時、上記両系図等も踏まえて種々検討したつもりではあるが、更に「児島系図」等を踏まえ若干の調整を要する。

このほか、九州系統に伝わる上古からの三輪氏系図で注目されるのは、真年編の『諸氏家牒』下に「大神姓　緒方・藤林・上野系図」（村松茂樹本の写。古代から記事あり）、及び憲信編の『諸系譜』第十冊（及び『各家系譜』第六冊にも記載）所収の「宇佐四姓系図」が重要である。ともに、上古からの三輪氏の系図について、豊前宇佐や豊後の大神氏関連ながら、貴重な古伝を記載するものとみられる。

これら以外では、管見に入った主なものをあげると、次のようなものがある。

鈴木真年・中田憲信関係では、『百家系図』巻三二・巻三六・巻四九や巻五一の「宮本系図」のほか、『百家系図稿』には巻六・巻七・巻十一・巻十二・巻十三（『本系牒略』関連）などに記載され、憲信編の『諸系譜』第一冊及び第九冊（『高宮家系』を基に補充があるが、『高宮家系』の最終成立以前に謄写されており、義房の娘・田鶴子は不記載）などにも所載がある。

楽家大神氏の系図では、『諸家系図纂』巻二九（『続群書類従』巻百八十三にも所収）、『地下家伝』巻十・巻十三、『伶人家伝』山井（宮内庁書陵部蔵）、『楽所系図』大神氏（岩瀬文庫蔵）や鈴木真年編の『諸氏家牒』下に「大神系図　笛相伝」、『百家系図稿』巻十二の「大神朝臣」系図のほか、『楽所補任』という伶人関係の史料がある。

豊前の宇佐神宮奉仕の大神氏、豊後の武家大神一族に関係する系図が上記のほか、『大分県史料』七・三十や『碩田《おおきた》叢史』二の「豊後諸士系図」、『諸家系図』巻二六の「藤林系図」、緒方富雄述『緒方系譜考』、『豊後国大野荘史料』の「豊後大神氏略系」（都甲文書が出典）、『大神系図』（東大史料編纂所蔵、筑後国山門郡の太田吉蔵原蔵）、佐藤蔵太郎撰『豊後史蹟考』などに多く残っており、また、東大史料編纂所には豊前・豊後の大神一族の諸氏に伝わる文書・系図（今永文書、小山田文書など）が所蔵される。

地方の三輪同族諸氏の関係では、但馬の粟鹿《あわが》神社（兵庫県朝来市）に関わる神部《みわべ》直氏の系譜『粟鹿大神元記《おおかみげんき》』があり、信濃の諏訪氏、筑前の宗像氏や隠岐の玉若酢神社に奉仕の億岐氏など祠官家、陰陽道の賀茂氏等にそれぞれ系図・所伝が残される（ここでは記載省略）。

といったところが三輪氏関係系図の概観で、今までのところ、これらが三輪氏族についての古代部分に関する主要な系図であり、中世・近世の三輪氏後裔諸氏（後裔と称する氏も含む）について管見に入ったもののほぼ全てである。しかも、これら系譜や所伝がかなりマチマチでもあるので、記紀や『新撰姓氏録』、各種文献資料などと比較検討しつつ、全体として整合性のある合理的把握に努めなければならない事情もある。全国に分布するオオミワ・オオガ氏にあっては、中央の三輪君・大神朝臣の流れとは別流・別系統のものもあるようであり、様々な系譜仮冒や訛伝もあろう。この辺にも十分留意していきたい。

本書の流れや記事を理解していただくために、上記の三輪氏部分等を踏まえて、平安時代前期頃までの三輪氏について比較的通行する系図の概略（主に『姓氏家系大辞典』に拠る）を先ずあげておく。この第1図が三輪氏の史実原型に近い系図ということでは必ずしもなく、従来の系図把握についての一応の目安で、本書で検討の叩き台ということであり、巻末では三輪氏族を検討後の系譜（推定を含む試案。第2図）もあげることにしたい。

第1図　初期三輪氏の概略系図

※掲載順は兄弟順とは異なるものあり

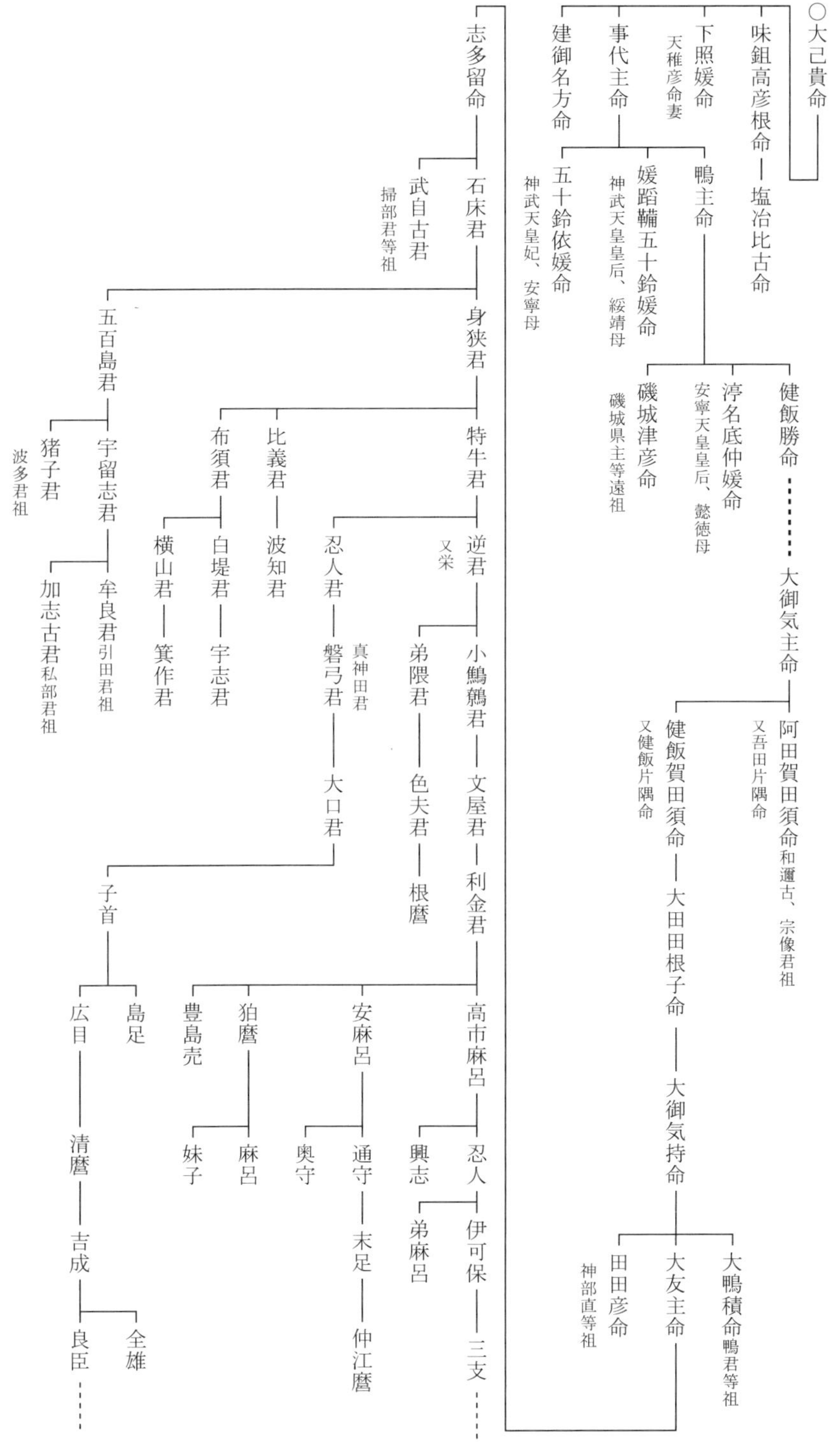

主な三輪氏及び同族関係の研究

大和の三輪氏に限っていえば、その氏族研究の研究者や論考は、これまで比較的限定される傾向があって、あまり多くはない。その一方、大神神社や三輪山祭祀に関係する史料や研究については数多く、明治期以降の『三輪叢書』や『大神神社史料』、『大神神社史』などがあり、広く出雲や海神族系の諏訪・宗像などの同族諸氏まで拡げるとこれらの関係もかなり多い。

三輪氏研究の管見に入った主なところでは（順不同）、まず氏族研究でいうと、太田亮博士『姓氏家系大辞典』のミワ・カモ・ムナカタ・スワなどの条や、佐伯有清氏の『新撰姓氏録の研究』の関係記事などがあり、個別の主な著作・論考としては、次のとおり。

志田諄一氏の「三輪君」（『古代氏族の性格と伝承』所収。一九七一年）、樋口清之氏の「三輪と大神氏」（『國學院雑誌』六二の四。一九六一年四月）及び「日本神話と三輪氏」（『日本神話と氏族』所収。一九七七年）、上田正昭氏の「三輪の君の系譜とその伝統」（『大美和』一〇一。二〇〇一年）、守屋俊彦氏の「三輪氏伝説と記紀の構成」（『岡山大学学術紀要』一。一九五二年九月）、阿部武彦氏の「大神氏と三輪神」（『日本古代の氏族と祭祀』所収。一九八四年）、阿部真司氏の「三輪君の始祖伝承とその変遷」「古代三輪君」を収める『大物主神伝承論』（一九九九年刊）、佐々木幹雄氏の「三輪と陶邑」（『大神神社史』所収。一九七五年）、「続・三輪と陶邑」（『民衆史研究』十四号。一九七六年五月）及び「三輪山祭祀の歴史的背景―出土須恵器を中心として」（『古代探叢』所収。一九八〇年）や「三輪君氏と三輪山祭祀」（『日本歴史』四二九号。一九八四年二月）、中野幡能氏の「三輪高宮家系図と大神比義」（『大美和』七六。一九八九年。後に『八幡信仰と修験道』所収、一九九八年）及び「宇佐宮大神氏系図（解題）」（『神道大系』四七。一九八九年刊）、荻美津夫氏の「地下楽家大神氏の系譜とその活動」（『古代文化』四七巻六号。一九九五

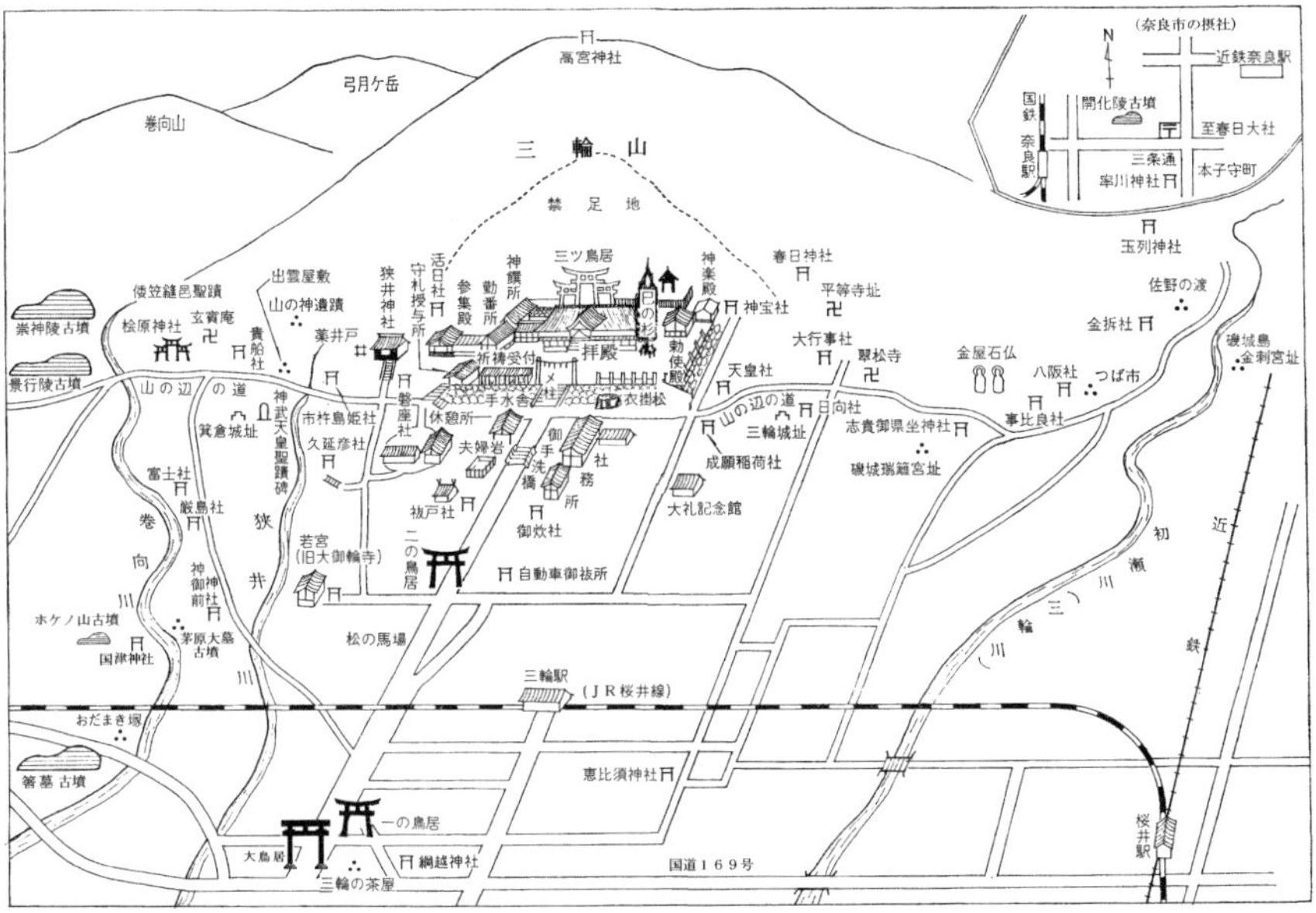

大神神社の境内とその周辺（中山和敬著『大神神社』より）

年六月）などがある。

三輪氏について著作が多い鈴木正信氏については、先に触れたが、『日本古代氏族系譜の基礎的研究』（二〇一二年刊）のなかに「第三章　大神氏の系譜とその諸本」があるほか、三輪氏に関する個別論考が数多くあり、例えば、「『大神朝臣本系牒略』の史料的性格」（『古文書研究』六〇。二〇〇五年）、「大神朝臣本系牒略と髙宮信房」（『大美和』一一〇。二〇〇六年）、「五～八世紀における大神氏の氏族的展開」（『滋賀大学経済学部研究年報』十九。二〇一二年）、「大神氏の分布とその背景」（『彦根論叢』三九五。二〇一三年）などがある。

大神神社や三輪山についての祭祀関係は数多く、上記以外で管見に入った主なところでは、中山和敬氏の『大神神社』（一九七一年刊、その後改訂版あり）、和田萃氏の「三輪山祭祀の再検討」（『国立歴史民俗博物館研究報告』七。一九八五年。後に『日本古代の儀礼と祭祀・信仰』下、一九九五年刊に所収）及び編著で『大神と石上』（一九八八年刊）、大神神社史料編修委員会『大神神社史』、そのうち特に第六章「大神（大三輪）氏と当社」（阿部武彦氏の執筆）、松前健氏の「三輪山伝説と大神氏」（『大和国家と神話伝承』所収、一九八八年刊）、田中卓氏の「大神神社の創祀」（『田中卓著作集』一。一九八七年）、弓場紀知子氏の「三輪と石上の祭祀遺跡」及び白井伊佐牟氏の「大神神社と石上神宮」（ともに『古代を考える　山辺の道』所収。一九九九年刊）、野津龍氏の「伝説と文学（上）：三輪山式伝説の管理者」（『鳥取大学教育学部研究報告』一九七二年六月）、松倉文比古氏の「御諸山と三輪山」（『日本書紀研究』第十三冊。一九八五年）、前川明久氏の「大和政権の東国経営と伊勢神宮」（『日本古代氏族と王権の研究』所収。一九八六年）、前田晴人氏の『三輪山―日本国創世神の原像』（二〇〇六年刊）があり、鈴木正信氏の「大三輪神の神格とその重層性」（『彦根論叢』三九三。二〇一二年）、「三輪山祭祀の構造と展開」（『早稲田大学日本古典籍研究所年報』六。二〇一三年）もある。『式内社調査報告』（第二四巻、西海道）、『日本の神々』（1九州及び4大和）の関係記事など神祇資料も参考になる。

三輪山をめぐる諸問題については、大神神社開催のセミナーを基に、上田正昭・門脇禎二・塚口義信らの諸学究が関与して、『三輪山の神々』（二〇〇三年刊）・『三輪山の古代史』（二〇〇三年刊）・『三輪山の考古学』（二〇〇三年刊）・『三輪山と日本古代史』（二〇〇八年刊。菅野雅雄氏の「天武・持統朝の大三輪氏」などを所収）・『三輪山と古代の神まつり』（二〇〇八年刊）・『古代ヤマトと三輪山の神』（二〇一三年刊）などが次々に刊行されてきた。

但馬の『粟鹿大神元記』については、主なところで、是沢恭三氏の「粟鹿大明神元記の研究（一・二）」（『日本学士院紀要』十四巻三号、十五巻一号。一九五六、七年）や田中卓氏の「一古代氏族の系譜―ミワ文族の移住と隆替―」（『日本国家の成立と諸氏族』所収）等、溝口睦子氏の「個別系譜の研究―『粟鹿大神元記』系譜の分析―」（『日本古代氏族系譜の成立』所収。一九八二年）や鈴木正信氏の「『粟鹿大明神元記』の写本系統」（河野貴美子・王勇編『東アジアの漢籍遺産』所収。二〇一二年）・「神部直氏の系譜とその形成」（『日本歴史』七八〇。二〇一三年五月号）がある。是沢・田中・溝口諸氏の論考には、各々史料全文を紹介する記事もある。

豊前宇佐の大神氏について主なところでは、本位田菊志氏の「宇佐八幡宮の創祀と大神氏」（『続日本紀研究』一二一。一九六四年六月）、中山重記氏の「宇佐大神氏と小山田社領について」（『豊日史学』四一巻一・二・三号。一九七四年）、新川登亀男氏の「宗像と宇佐」（『新版古代の日本　第三巻　九州・沖縄』所収。一九九一年）、逵日出典氏の『八幡宮寺成立史の研究』（二〇〇三年刊）等や『大分県史』の関係記事・史料などがある。

広く出雲関係では論考や著作は数多いから、ごく主なところだけ少しあげておくと、拙著『越と出雲の夜明け』（二〇〇八年刊）、門脇禎二氏の『検証　古代の出雲』（一九八七年刊）、瀧音能之氏の『出雲国風土記と古代日本　出雲地域史の研究』（一九九四年刊）、上田正昭編『古代を考える　出雲』（一九九三年刊）、水野佑氏の『古代の出雲』（一九九六年刊）など。

このほか、鍛冶・金属資源に関して、真弓常忠氏の『日本古代祭祀と鉄』（一九八一年刊）及び『古代の鉄と神々』（一九八五年刊）、竜蛇信仰について、吉野裕子氏の『蛇―日本の蛇信仰』（一九七九年刊。後に講談社学術文庫）、阿部真司氏の『蛇神伝承論序説』（一九八一年刊）、大庭祐輔氏の『竜神信仰―諏訪神のルーツをさぐる』（二〇〇六年刊）、古部族研究会編の『古代諏訪とミシャグジ祭政体の研究』（一九七五年刊）などがある。

（これら著作・論考の出版元・所収の書など詳細情報は、最近ではネット検索が可能であり、ここでは省略する。

上記の年は、論考初出の年というよりは、主に所収本の刊行年を記した）
三輪氏については、始源は遠く神統譜まで絡むものでもあるので、記紀の神話的な部分の史実性を簡単に否定しては問題が大きい。また、伝承はもちろん、地名や神名・人名などについても、記事を素朴に受けとりすぎると、かえって混乱して誤解を生じかねない。理解が及ばないこと・不明なことを、後世の造作・創出だと逃げ込んではならないと強く留意される。津田博士亜流の造作論あるいは反映説という観念論では、三輪氏族の総合的な実態解明には役に立たず、祭祀・習俗の合理的な研究が必要だということである。

三輪氏と同族諸氏に関する問題点

三輪氏については、最近、鈴木正信氏が精力的に取り上げて検討を加えるまでは、学界では上記のようにあまり踏み入った形での研究がなされなかった。しかし、三輪君氏の本来の嫡宗にあたる磯城《しき》県主が崇神前代の初期諸天皇（大王）に対して多くの后妃を輩出した事情や、大国主神（大己貴神）をめぐる出雲と大和・播磨の関係、大物主神の性格及び古代王権祭祀のあり方など、上古史解明の観点からはきちんと整理されるべき重要な点がかなり多い。だから、津田史観の観点から論じて、古い伝承部分や神話的な性格のものは切り捨てればそれでよいというものでは決してない。神々の活動という難解な問題もあって、これまで漫然といい加減に誤解されながら、三輪氏が把握されてきたともいえよう。

その全体像については、検討してみると日本列島に稲作・青銅器などの弥生文化をもたらしたとみられる部族・海神族から出たとみられる要素が強くある。海洋技術に優れたことで広く航行し、列島内に支族が多く分布するが、大和磯城以外にも主な関連地域が出雲や北九州などにある。そうした把握がこれまで的確になされなかったきらいがあり、とくに「出雲」との関係は混同されがちである。この氏族に関する問題点は、上古以外ではあまり多いとはいえないように思われていたが、仔細に見ていくと決してそうではない。

そのうち主な問題を以下に順不同で列挙するが、そのなかでは特に難解なものの一つが、三輪氏遠祖のオオナムチ・オオクニヌシなどの神統譜であり、宇佐の八幡神を古来祭祀する豊前大神氏の出自問題である。前者は、上古の人・神で同一の者が複数の異なる名で諸書・諸地域に登場する同人異名の問題や、逆に異なる者が同一の名で登場するという異人同名の問題もあり、この辺を的確に把握しなければ解決しない。後者のほうでは、大和の大神朝臣氏一族が平安中期以降は活動が殆ど史料に見えないなか、中世史料などに大神朝臣として現れる殆どの者が宇佐の大神朝臣氏一族であるだけに、この辺の検討も欠かせない。三輪山祭祀は国家祭祀（王権祭祀）だったのかという問題も重要かつ難解である。総じて言うと、各地の支族諸氏の分岐、動向という観点も含めて、氏族の歴史の大きな流れのなかでの総合的な検討が足りないように感じられる。

これら列挙される問題点については、本書ではどこまで解明できるかという課題があり、本書を読んでいただくうえでの主な問題意識にもなるものである。

○三輪氏祖系となる神統譜はどのようなものか。三輪氏の氏祖神たる大物主命と大国主神、大己貴命とはどのような関係だったか。大物主命は抽象神か、現実の人格神か。

○三輪氏は素盞嗚神の後裔だったか。大国主は素戔嗚尊の子か、養子か、はたまた累孫か。
○三輪氏は渡来系の豪族だったたか。
○記紀のいわゆる「出雲神話」の舞台の「出雲」はどこか。
○大和の三輪氏は出雲から来たのか、畿内から出雲へ行ったのか。三輪氏の故地はどこか。
○三輪氏の先祖集団は何時、三輪山麓にやってきたのか。この地域に何を遺したのか。
○播磨の伊和大神と大己貴神、大物主神との関係はどうなのか。
○神武東征時に対応した磯城県主の祖は、どのような系譜か。その系は後まで存続したか。
○磯城県主家が神武王統の時代に后妃を輩出したのは史実か。どのような背景がその后妃輩出の事情にあったたか。
○磯城県主家から分岐の一族にはどのような諸氏があったたか。
○三輪氏と伊勢、出雲、諏訪などの地域との関係はどうか。
○三輪氏はいわゆる「三輪王朝」（纏向地域にあった古代王権）とどのような関係があったたか。
○大神神社祭祀の形態はどうか。三輪山祭祀は初期は王権祭祀だったたか、これに多氏族も関与したか。その他、三輪同族諸氏が奉斎した神社にどのようなものがあるか。
○氏祖・大田田根子はどのような出自だったのか。磯城県主は三輪君氏につながるか。三輪氏は五、六世紀の新興の豪族だったたのか。
○大和王権の内征・外征に従った三輪一族があったたか。
○三輪氏一族や関係神社は日本列島にどのように分布するか。それら分布の由縁は何か。
○応神王統時代のいくつかの内乱・事件などでは、三輪氏一族はどのように動いたのか。

○欽明朝以降の三輪氏の動向はどのようなものか。
○三輪氏一族の古墳・墳墓はどうだったのか。
○中世・近世の三輪氏の動向はどうか。武家として活動したものはあったか。
○現存の三輪氏の系図において、世系の断絶ないし不明部分はないのか。
○雅楽の大神氏や豊前・豊後の大神氏はどのように分岐したか。そもそも、これらは、本当に三輪氏の同族だったのか。三輪支族諸氏に系譜の仮冒や架上が見られるのか。
○賀茂氏など同族という諸氏の動向はどうだったのか。鴨族と三輪族とは別流か。賀茂氏の分岐は何時だったのか。大和の鴨君と山城の鴨県主との関係はどうか。陰陽道の賀茂氏の成立はどのような経緯があるのか。
○早くに分かれた宗像氏や諏訪氏との関係はどうか。これら諸氏はいつ発生したのか。
○三輪氏と同族に広く見られる竜蛇信仰はどのようなものか。

二　三輪氏の起源と動向

三輪氏が大国主神の後裔とする神統譜につながる系譜は、どこまで信頼できるのだろうか。これも三輪氏の検討において大きな問題ではあるが、とりあえず、三輪氏が現実的な歩みを始める崇神朝以降の一族の動向を先に見ていこう。

戦後の歴史学界では、主流をなした津田学説のもとで、記紀の記事の大半が造作とか擬制とかということで否定され、その辺から古代史研究が始まった。それでも崇神朝以降は、現実的な歴史としてとらえる見方も学界に強くある。この見方は、論理的には簡単に否定できないから、氏祖とされる大田田根子からの動向は、とくに具体的な合理性を欠くなどの問題がないかぎり、史実に基づく可能性があるものとして丁寧に検討する必要がある。

大田田根子の登場と三輪山祭祀

古代・中世の三輪氏の氏祖とされる大田田根子の登場は、記紀ともに記されるが、不思議な現れ方をする。その前に、この名は通称であって、実名ではないが、「根子」は上古の天皇（大王）の名以外では、上古の大豪族の特定尊貴者についてのみ付けられる尊称であることに留意しておきたい。ほかには、応神擁立の大立者たる大豪族和珥氏の建振熊《たけふるくま》命について「難波根子」という通称が見えるくらいである。

さて、『日本書紀』崇神段によれば、崇神天皇の治世になって、その五年・六年に疫病が流行って死ぬ者が多く、百姓は流離・反逆し、世情が不安定となった。天皇は大殿に祀っていた天照大神と倭大国魂の二神を、各々豊鍬《とよすき》入姫と渟名城《ぬなき》入姫（ともに崇神の皇女とされる）に託して別々に祀ったが、うまくいかなかった。同七年春には、神浅茅原《あさぢ》（三輪山頂の真西にあたる桜井市茅原の摂社・神《かみの》御前《ごぜん》神社〔祭神は倭迹迹日百襲姫〕のあたりか）で神々に占ったところ、倭迹迹日百襲《ととびももそ》姫に大物主神が憑依して、自らを祀るようにとのお告げがあった。その後に天皇のほか、倭迹速神浅茅原目妙《まくわし》姫（上記の百襲姫と同じか）や臣下の大水口宿祢（穂積臣の遠祖）や伊勢の麻績《おみ》君の三人も同じように、「大田田根子命を祭主として大物主神を祀り、市磯長尾市《いちしのながおち》を祭主として倭大国魂神を祀れば、必ず天下は太平となる」という夢を見たので、広く各地に大田田根子を探させたところ、茅渟《ちぬ》県の陶邑で見つけ出した。天皇が神浅茅原でこの者の素生を聞くと、大田田根子は「父は大物主大神、母は活玉依姫といって陶津耳《すえつみみ》の女である」（一に「奇日方天日方武茅渟祇の女」が母というとも記す）と答えた。このような経緯で、大物主・倭大国魂の両神を祀ることで、同年冬には疫病は収まり、五穀も実って国内は鎮まった。翌八年にも御神酒をささげるなど三輪の大神を祭祀したが、大田田根子は今の三輪君らの始祖とされる。

『古事記』もほぼ同じで、疫病により多くの民が死んだことで、これを愁いた天皇の夢に大物主神が顕れ、意富多多泥古をもって自分を祀らせれば国が安らかになると告げたので、河内の美努《みの》村で探し出し、御諸山に意富美和の大神を祀らせたところ、疫病がおさまったと見える。ここでは、大物主神からの系譜は、この大神が陶津耳命の娘、活玉依毘売を娶して生んだ櫛御方命の子の飯肩巣見命の子、建甕槌命の子が意富多多泥古《おおたたねこ》だという三代の祖系が述べられる。

『書紀』では、大田田根子は天皇の問いに対して自らを大物主大神の子だと答えるが、『古事記』では、大物主大神の子の後としており、その子の「櫛御方命―飯肩巣見命―建甕槌命―意富多多泥古」とつながる系譜をあげるから、大神の直子ではなく後裔であって、三代分の世代が省かれた内容の系譜を『書紀』は伝える。世代や年代等を考えると、祖先の櫛御方命（「地祇本紀」に見える天日方奇日方命に当たる）の姉妹の媛蹈鞴《ひめたたら》五十鈴媛が神武天皇の后妃となるから、この三代でもまだ少し世代数が足りない。一方で、「地祇本紀」所載の当該時期に対応する系譜は、世代数が若干多すぎるきらいもある。他の古代氏族の系譜で世代比較をすると、神武世代の者と崇神世代の者との間では、総じて四世代分が入る形が多い傾向が強いことに留意される。ともあれ、このように「子孫」というのが転訛して「直子」のように伝えることも、上古ではままあることに留意される。

大田田根子を祀る大直祢子神社（若宮社）

以上の所伝を通じ、崇神朝に大田田根子が顕れて、これがその後の三輪君の祖になったということを否定するものがない（「鴨君の祖」という点については後述）。大田田根子は大直祢子とも書かれ、三輪では若宮社の大直祢子神社で祀られる。

この祭祀関係の解釈として、三輪山を神体とする原住氏族の祭祀を崇神の大和王権が取り上げてしまい、世に不平分子が多くなって、うまく治めることができなくなったことで、いったん取り上げた祭祀権をもとの祭祀者一族に返還したとみる見解もある。しかし、王権のほうは三輪山の北にある纏向山ないし穴師山の祭祀をもっていたから、元の豪族祭祀を天皇が取り上げる必要はない。『旧事本紀』の物部氏系譜が示唆するように、元から祭祀をもっていた磯城県主一族の男系血筋が絶えて、大物主神を祭祀を行う者がいなくなったということでよかろう（太田亮博士も記事の趣旨はこうした解釈とみられる）。

磯城県主の地位は、物部一族から出た者が母系を受けた形で継ぎ、三輪山祭祀のほうは、大物主神男系の大田田根子の子孫が代々受け継いでいった。「地祇本紀」によると、大田田根子は出雲の神門《かんど》臣（の祖）の娘、美気姫を妻とし、大御気持《おおみけもち》命を生むと記されており、その子が仲哀紀に見える大友主命であった。

茅渟県の陶邑と須恵器生産

大田田根子の出身地とされるのが、和泉の茅渟《ちぬ》県の陶《すえ》邑である。『記』には河内の美努村とあるので、これが別地（大阪府八尾市東部近辺の河内三野《みの》県主の支配地域）だとうけとられがちだが、これは誤解である。

すなわち、「茅渟県の陶邑」とは、大阪府南部の堺市東南部・和泉市にある泉北丘陵、泉北ニュータウンあたりとみられており、当地の古墳時代の須恵器窯跡群が最古で最大とされる。須恵器の生産が日本列島で始まったのは四世紀後葉頃（具体的には大和王権の韓地への遠征・進出の時期以降）と今はみられており、それより早い時期に築造された纏向の巨大古墳には、須恵器が埋葬された痕跡はない。これら諸事情を考えると、崇神天皇の時代に活躍した大田田根子の母ともいう活玉依姫が、「陶邑の陶津耳」の女であることが怪しくなるという見方も地名表記から出てくる。しかし、活玉依姫は、先に見たように大田田根子の遠祖であり、神武天皇よりも前代の者であった。また、地名・人名という固有名詞は、後に転訛したり変更されることがあって、「陶邑の陶津耳」という表記も、原表記が変化した可能性もある（後世の記事編集の時の地名で表記されたということがありうる）。

実際には、「和泉の茅渟県陶邑＝河内の美努村」ということであろう。和泉はもとは摂津も含めて凡河内《おおしかわち》国の一部であり、陶邑の名に変わる前が美

堺市立泉北すえむら資料館に移管復原された須恵器窯

努村であった可能性がある。「ミノ」の地名は、天孫族の九州起源の地、筑後国の耳納（水縄、三野）山地北麓あたりに起こり、わが国では美濃国がもとは三野国、御野国と書かれたように、天孫族の少彦名神後裔氏族が住んだ地域に同じ地名が多くみられる。「陶津耳」とは多くの別名をもつ少彦名神の別名の一つだから、その後裔の荒田直一族が居住し陶荒田神社を奉斎した地域も、もとは三野と呼ばれたとみられる。

現に同社の東南付近に「見野山」の地名があると森浩一・和田萃の諸氏は指摘し、美努村は茅渟県陶邑と同所とみる（『日本古代史大辞典』などで、いまは通説か）。同じ内容の記事でも、成立が早い『古事記』のほうが古伝を伝えたものと考えられる。こうした名称変更が地名・神名についてあったのなら、「陶邑の陶津耳」の表記を基にして、大田田根子が探し出されたという伝承を否定することはできない。同社の小字も大田とされ、近くの田園百塚から三輪山麓に多く出る子持勾玉も出たと森浩一氏は指摘する。

もう少し詳しく説明すると、少彦名神の別名には、三島の溝橛耳《みぞくいみみ》も、武茅渟祇《たけちぬつみ》もある。そして、

陶荒田神社（堺市上之）

京都の下鴨神社の祭神、賀茂建角身命とも同神であった。武茅渟祇と建角身《たけつぬみ》とは発音が似ているし、各々の娘と伝える名は活玉依姫、玉依姫と類似する。建角身は鴨県主の祖で、神武天皇を熊野から宇陀まで案内した八咫烏《やたがらす》ともされるが（『新撰姓氏録』）、これは実際の行動者を祖神の名で記したものであり、神の表象化であるから、神武朝の「建角身」とは、実体が少彦名神の後裔で生玉兄日子《いくたまえひこ》のことであった。この少彦名神とその周辺関係者の系譜関係は、よく整理して考える必要がある。

陶荒田神社は、大阪府堺市中区上之《うえの》（旧地名が陶器村大字太田字上之という）に鎮座し、和泉国大鳥郡の式内社であった。須恵器の発祥地に在って、別名、陶器大宮と呼ばれ、「陶器のえびす様」として有名である。祭神は高魂命、剣根命、八重事代主命などとされるが、摂社には大田田根子を祀る太田神社やその母・活玉依姫を祀る山田神社などがある。少彦名神後裔の剣根命《つるぎね》（生玉兄日子の兄弟）を祖とするのが奈良盆地西南部の葛城国造であり、その支族に荒田直が出たから、この一族が奉斎した古社だとみられる。

佐々木幹雄氏は、陶邑には郷名ミワ（上神郷）、式内社ミワ神社（三輪国神社）、ミワ氏（神直・神人）などがあり、大和の大神神社の初期祭祀遺跡である奥垣内遺跡等から出土の須恵器が陶邑の古窯址群から来ていると指摘する（「三輪山祭祀の歴史的背景」など）。

纒向遺跡は、当初は大田遺跡と呼ばれた（崇神～景行朝の宮跡であり、邪馬台国の卑弥呼の都跡とみるのは誤解にすぎない）。大田という字の地から発見発掘が始まった事情があり、これが大神神社の祭祀地域だから、大田は大田田根子の名に由来する地名かもしれない。

須恵器の生産開始はこれまで五世紀前半とする見方が強かったが、最近ではこれが半世紀ほど繰り上げられている。宇治市街遺跡から出土した最も古いタイプの須恵器（大庭式）と一緒に出土した板材の年代測定により、四世紀後葉とみられること（年輪年代測定法と炭素年代測定法による三八九年という数値があるとのことであるが、両年代測定法の年代値をそのまま信頼するのは疑問な姿勢であろうが）などから導かれており、須恵器の源流は韓地南部の伽耶とされ、この地域と大和王権が四世紀後葉に交流をもつことで日本列島に伝わった。

須恵器生産の中心地が泉北丘陵一帯の「陶邑」と呼ばれる地域であり、須恵器の遺跡や窯跡が多く出た。これらの遺跡の中で最古とされるのが堺市栂《とが》地区にある大庭寺遺跡で、ＴＧ２３１・ＴＧ２３２号窯跡という加耶地域の系譜を引く初期須恵器の窯跡が検出された。同遺跡から出土の須恵器は、伽耶の陶質土器に見られる、沢山の透かしをあけた高杯や器台、把手付の椀などの形状、波状文・鋸歯文・組み紐文など文様と良く似ている。

倭国と伽耶・百済との接触は四世紀後半に始まることを『書紀』は記載する。年代換算で西暦三六六年頃にあたると見られる記事には、初めて「斯摩宿祢が卓淳《とくじゅん》国（大邱あたり）に行き、百済に使者を派遣し、百済の肖古王から五色の綵絹《しみのきぬ》各一匹、鉄鋌四十枚をもらう」とあり、同じく三七二年頃の記事に「肖古王は倭国に通じて、七枝刀一口と七子鏡一面を献上した」などと見える。これら記事に関連して、奈良県天理市の石上神社の神宝のなかに七支刀があり、その金象嵌には「泰和四年」（太和四年＝三六九年）という銘文記事がある。奈良県の古墳からは鉄鋌の出土がかなり多くあり、例えば奈良県橿原市の南山四号墳（五世紀前半頃の築造と推定される）からは、鉄鋌二〇枚に共伴して韓地南部の伽耶系陶質土器が出土しており、伽耶からもたらされた鉄鋌を窺わせる。これら物証は、上記四世紀後半以降の伽耶・百済と倭との接触を裏付けよう。

崇神王統時代の三輪氏の動向―大友主と大野宿祢の事績

三輪氏で大田田根子の次ぎに活動が見えるのは大友主命である。『書紀』仲哀九年二月条の仲哀崩御後の記事に見えて、神功皇后を守り、武内宿祢と大三輪大友主君ら四人の大夫が百寮を率いて宮中を守ったとある。大夫の残り三人が伴造の中臣・物部・大伴氏だから、天皇（大王）近侍の伴造的な役割を果たしていたこともうかがわれる。この記事を欽明・敏達朝以降の造作とみる見方（志田諄一氏など）もあり、天武天皇の殯において同様な四氏の後裔が見えることも記事潤色の根拠とされそうである。しかし、このとき登場の顔ぶれの具体的な名前とその世代対応からみても、簡単に記事や人名の造作ができるわけがなく、むしろ三輪氏が他の伴造系三氏と同様な役割を担う伝統があったとみられる。従って、造作説ないし潤色説は合理的な根拠を欠く見方である。

これより先、垂仁三年三月紀の割注には、天日槍《あめのひぼこ》との播磨での対応に関連して、倭直の祖・長尾市とともに「三輪君の祖大友主」が見える。天日槍が神武前代の人であることから、事件の存在自体も疑問で、これは後世の追記・竄入記事とみられる。垂仁朝初期での大友主の活動も考え難く、「地祇本紀」の系譜に見えるように、大友主は大田田根子の孫で、大御気持命の子、とするのが妥当である（『高宮家系』は大部主と大友主とを重複して掲載）。

これに加え、景行天皇の九州巡狩に随行した神《みわの》大野宿祢が取り上げられる（「神」の訓みは、ミワあるいはカモ）。『肥前国風土記』の高来郡条に纏向日代宮朝の人として見える人物であるが、『百家系図』巻五五所収の「賀茂朝臣系図」には、大鴨積命の子として大野宿祢があげられるから、これが風土記の神大野宿祢に該当するとみられる。そうすると、世代対応を考えると、大鴨積命の系譜的位置づけは大田田根子の孫ではなく、その弟とするのが妥当となる（この辺の年代把握は、『粟鹿大神元記』に見える大多彦命・大彦速命親子の活動年代とも関連する。鴨君は大田田根子の後裔ではないということで、『記』の記事には疑問がある)。

ところで、鴨君の本拠であった葛城地方には、景行巡狩の随行を傍証する考古遺跡がある。それが、御所市で最近発見された鴨都波《かもつば》一号墳という古墳である。

鴨都波一号墳の衝撃

葛城山の東麓、JR御所駅近隣の御所市三室には、大集落跡の鴨都波遺跡がある。その遺跡で未盗掘の小型方墳が見つかり、古墳時代前期の四世紀中頃に築造とみられている(二〇〇〇年六月五日に同市教育委が発表)。この方墳は鴨都波一号墳と名づけられ、南北約十九㍍、東西約十四㍍の規模であり、粘土槨・木棺のなかに壮年とみられる被葬者の下顎の歯も残っていた。これまで出土例がない文様を含む三角縁神獣鏡が計四面など、多くの副葬品も確認された。このほかの副葬品は、棺内外の大型の碧玉製紡錘車《ぼうすいしゃ》、翡翠勾玉・管玉・ガラス小玉や多数の鉄製武具(革綴短甲・鞍、刀・剣、鉄斧、鉄鏃)などもあって豊富である。墳墓の隍《からぼり》の外側から、大量に投棄された古墳時代前期の布留式土器も出ており、これが築造年代の目安ともなる。

従来のような前方後円墳ではなく、小規模な方墳からこれだけの三角縁神獣鏡や短甲など豊富な副葬品が出土したことで、この発掘に伴う新聞報道には、「現代の考古学の常識では理解するのが難しい。できればかかわりたくない古墳だ」(岡村秀典・当時京大助教授)との談話まで見える。三角縁神獣鏡に関するそれまでの考古学の常識が疑われる事態が生じたということである。関西系考古学者が従来鼓吹してきた三角縁神獣鏡魏鏡説や分配説について、卑弥呼との連関がここでも崩れ、その虚説ぶりが如実に出てくる。大古墳はその築造能力などからみて政治権力の大きさを示すが、本件のように小規模な古墳でも豪華な副葬品を伴うものがあり、それが被葬者の役割を示す例だ、とみられる。

結論をいうと、年代的にみて、当該被葬者としては景行朝の人、鴨君（賀茂君）祖の大野宿祢の可能性が大きい。景行天皇の九州遠征に随行したと『肥前国風土記』高来郡条に見える前出の「神大野宿祢」のことである。そうすると、三角縁神獣鏡が現実に全国に配布された時期や配布者などの事情も具体的に見えてくる。この方墳に関しては、葛城氏の前身勢力の首長という見方も報ぜられたが、これはまるで根拠がなく疑問である（「前身勢力」という曖昧な表現で済ます姿勢には問題が大きいし、古代葛城国造の当時の本拠地は、古墳などから見て、むしろ北葛城地方であった。葛城襲津彦に始まる葛城臣氏はまだ発生していない）。

三角縁神獣鏡は、中国の魏王朝から下賜された卑弥呼の鏡ではなく、四世紀当時の大和王権が製作し、全国各地に配布した鏡だということでもある（寺沢薫氏も、「三角縁神獣鏡のほとんどが布留０式以降に倭国で製作されたもの」とみており〔『日本の歴史02　王権誕生』〕、最近では大塚初重氏も国産鏡と言明）。同鏡は中国本土にはいまだ一件の出土もなく、森浩一氏らが言うように全てが国産鏡であり、出来映えにより舶載鏡とか仿製（国産）鏡に区別する意義もなくなる。楽浪郡での製造鏡とする説も、根拠が薄弱で、朝鮮半島での出土もない。

当該古墳の被葬者推定の基礎事情を少し記しておこう。

葛城地方にはもともと原住していた鴨県主一族は、崇神朝頃には故地から山城国葛野郡に移遷していた（後述）。これに替わって、その故地には三輪氏族の鴨君氏が起った。鴨君氏についても後述するが、その祖・大鴨積命は三輪君の祖・大田田根子の同母弟とみられ、崇神朝に葛城上郡賀茂に居した。その母は鴨県主族の鴨部美良媛《みらひめ》とされるから、外祖一族の地をこの者が承けたことになる。大鴨積命の子には大野宿祢・久努宿祢が系譜に伝えられ、前者は神大野宿祢と同人である。「神」は「カミ、カモ（鴨）、ミワ（三輪）」であり、大野宿祢が属した氏の名であって、名前ではない。

三角縁神獣鏡四面は、天皇に近侍して王権示威の遠征をした鴨君の族長にふさわしい副葬品であった。壮年とみられる被葬者の歯も、大野宿祢が遠征を終え、無事大和へ生還したことを示している。こうした侍臣ですら、これだけの銅鏡保持があったのだから、丹波道遠征を将軍として主導した椿井大塚山古墳の被葬者が同種の銅鏡を多量に保持したのも、当然であった。鴨都波一号墳から出た三角縁神獣鏡については、尾張の東之宮《ひがしのみや》古墳（被葬者は、景行朝の倭建東征随行者で尾張国造の祖・建稲種命と推される）からの出土鏡との同笵（同型鏡）という関係が知られるが、東之宮出土鏡のなかにはヘボソ塚（神戸市東灘区岡本にある前期古墳で、全長六三メートル）・佐味田宝塚（奈良県北葛城郡河合町佐味田にある全長約一一一メートルの前期古墳で、被葬者は葛城国

鴨都波神社

造一族か）などの出土鏡との同范関係を示すものがあるから、鴨都波一号墳が景行朝頃の人と関係深いことが分かる。

鴨都波一号墳の東南すぐ近くには式内名神大社の鴨都波神社（下鴨社）が鎮座し、その祭神は事代主神であって、三輪君・鴨君の祖神であった。「鴨」を名のる姓氏には二系統、すなわち天孫族系の鴨県主と地祇・海神族系の鴨君とがあって、事代主神が鴨県主の男系遠祖ではないことに留意される。同社は大神神社の別宮で、その創祀は、崇神朝に大賀茂祇《かもつみ》命が葛城邑賀茂の地に奉祀したと伝える（『神道大辞典』）。

雄略朝頃の三輪氏関係の動き―引田部赤猪子の伝承

大友主の後は史料に三輪一族の名がしばらく見えず、『書紀』には雄略即位前紀に見える三輪君身狭《むさ》まで、三輪氏の動向は不明である。この辺の事情は不明だが、可能性としては、応神・仁徳の大王位簒奪や雄略の大王位継承時の混乱に因るのかもしれない。この動きが史料に見えない事情や、雄略天皇が三輪山の神の姿を見たいとして大蛇を捕らえさせた話（雄略紀七年七月条）などから、三輪氏や三輪山祭祀が一度、断絶して欽明朝に再興されたとか、三輪氏が六世紀あるいは五世紀になって現れた新興豪族とみるとしたら、これは記事の過剰な深読みであり、また論理の飛躍が甚だしい。

安康天皇崩御後の安康三年十月に、履中天皇の皇子、御馬《みま》皇子は、親しくしていた三輪君身狭《むさ》のもとに出かける途中、先にその兄・市辺押磐《いちべのおしは》皇子を殺害した大泊瀬《おおはつせ》皇子（後に即位して雄略天皇）の兵に三輪の磐井の傍らで待ち伏せされ、とらわれて殺害されたことが見える。身狭や三輪氏がこのときどのような行動をしたかは、なんら見えない。

次ぎに、雄略紀十四年三月条には、身狭村主《すぐり》青らが呉国（中国の南朝）から連れて帰った衣縫《きぬぬい》の兄媛が大三輪神に奉納されたと見え、三輪氏がこれを管理したとみられる。

更に、『古事記』には、雄略天皇が三輪川（泊瀬川の三輪山南西麓辺り）のほとりで衣を洗う美童女が気に入り、そのうち自分が召すから夫を持つなと言われたが、結局、天皇はこれを忘れてしまった逸話が見える。この童女の名は引田部赤猪子《あかいこ》といい、老年になってから莫大な引出物とともに彼女が宮中に参上したというから、その財力からも三輪氏の一族かとみられる。三輪君の一族に三輪引田君が系図や『書紀』等に見える。城上郡辟田《ひきた》郷（桜井市白河《しらが》付近）の地に起こり、当地には式内社の曳田神社も鎮座した。

三輪引田君氏は上記の身狭の弟の五十島《いおしま》から出たといい、五十島の子に宇留志（引田君・私部君の祖）と猪子（波多君の祖。『本系牒略』で

曳田神社（桜井市白河）

は「赤猪」と記載）と見えるから、赤猪子は年代的にこの兄弟の妹であった者か。大田田根子以降の三輪氏からは、后妃がまったく出ていないから、どこまでが史実かは不明であるが、三輪氏は雄略に接近した動きをしたことが窺われる。この童女は雄略の言を受けてから「八十歳」を経て参上と見えるが、雄略天皇の治世年数は『書紀』に二三年とあり、これがそのまま実際の治世年数とみられるから、「八十歳」という年数は、当時、四倍年暦での年数計算もあったことを窺わせる（その場合、約二十年の経過があったということになろう）。三輪引田君氏では、その後裔の三輪引田君難波麻呂が天武十三年（六八四）五月に大使として高句麗に派遣されている。

雄略紀七年七月条の記事では、多臣の支族の少子部《ちいさこべ》連栖軽《すがる》が三輪山の神の姿をみたいという天皇の意向を受けて、大蛇を捕らえ天皇に見せると、雷のように光り轟いたので、天皇は畏れて正視できずに隠れ、またこれを山に放したと見える。この伝承がどうして三輪氏や三輪山祭祀の断絶になるのだろうか。欽明朝元年に三輪特牛《ことい》君が大神を祭って、これが四月祭の始めだと『高宮家系』に記載されるが、これは三輪山祭祀の再興でもない（三輪氏による三輪山祭祀が欽明朝に始まったことを暗示すると和田萃氏がみるのも、疑問が大きい）。ましてや、この時に陶邑から三輪氏が遷ってきたわけでもない。三輪山の神に対するあなどり的行為が雄略にあっただけであり、それは上記の身狭など三輪氏に対する大王からの威圧を意味したのかもしれないが、「大蛇の放免」で一件落着ということであろう。

大化前代及び大化頃の三輪一族の動き

雄略朝の後は、三輪氏の動きがまたしばらく見えない。次ぎに『書紀』に見えるのが敏達・用明朝で見える逆君《さかう》（栄、佐嘉夫）であり、排仏派としての行動や炊屋《かしぎや》姫皇后（後の推古女帝）を穴穂部皇子から守ったこと、これを恨んだ穴穂部皇子と物部守屋により、三輪同族の白堤・横山の密告を受けて、まず三諸岳次ぎに皇后の別宮（名は海石榴市宮）に隠れた逆君が攻め殺されたことは、先に三輪氏の概要で見た。白堤と横山とは兄弟で、逆君の従兄弟であり、各々の子孫が『書紀』等の史料に見える。なお、逆君の父の特牛《ことい》が欽明元年四月に大神の四月祭を始めたと伝えたといい、その弟の比義《ひぎ》が豊前宇佐で八幡大神を奉斎したとも宇佐では伝えるが、この後者のほうの真偽については後述する。

白堤は、「大和神社注進状」に見えて、推古朝に春日邑に率川社《いさがわ》（奈良市本子守町に鎮座）を奉斎した。大神神社の境外摂社で、添上郡の式内社・率川坐御子神社（また春日三枝神社ともいう）にあたる。その孫が孝徳朝の大化元年（六四五）七月紀に見える三輪栗隈《くるくま》君東人であり、東人は韓地に派遣されて任那国の国境視察をした。「栗隈」は山城南部、久世郡の地（京都府宇治市の大久保・広

率川神社に伝わる三枝祭（ゆり祭り）＝大神神社提供

野あたり）で、添上郡から北方に進出した支族か。

横山のほうの孫が孝徳朝の白雉元年（六五〇）二月紀に見える三輪君甕穂《みかほ》であり、白雉が長門国から献上されたとき宮殿の儀式に参加し、白雉を乗せた輿をかつぐ役割を担っている。甕穂の五世孫の広行（「行」は系図の表記）は越中少目となり、『越中国官倉納穀交替記』には天長七年（八三〇）八月三日に越中少目従七位上大神朝臣広野として見える。

三輪本宗のほうでは、逆君の子の小鷦鷯《おさざき》君は、舒明八年（六三六）三月紀に見えて、采女と姦通した者を調べて処罰しようとしたとき、この調査を苦しみ（嫌疑を受け取り調べられたこと故か。「本系譜略」には「姧采女事発覚」と記され、無実とは思われない）、自殺したと見える。その子が三輪文屋君であり、次の皇極朝の二年十一月に蘇我氏による上宮王家襲撃事件で、股肱の臣として仕えていた山背大兄王とともにいったん生駒山へ逃れ、東国での挙兵を勧めたが容れられず、結局、そこから斑鳩寺に入って一緒に自害したことが『書紀』に見える。ここでも、三輪氏が大王・王族に近侍する姿が見え（采女との接近もそれに因るか）、逆君が敏達の葬儀にあたって誄（しのひごと）を述べた事情（用明紀元年五月条）につながる。三輪氏には内廷との結び付きがあったとこれまでにも指摘があり、私部（皇后の部民）に関与する大神私部君の管掌もそうしたなかで理解できる。

文屋君の跡を継いだのは大花上（冠位の第七等で、後の正四位相当）の利金《とがね》君であり（『高宮家系』や『本系牒略』では文屋の子に置くが、世代的に見ても、「児島系図」のように従兄弟とする所伝が妥当）、その子女に高市麻呂・安麻呂・狛麻呂《こままろ》・豊島売の兄弟があげられる。利金君の弟の色夫《しこふ》君は、孝徳朝の大化元年（六四五）八月に来目臣らとともに法頭になり、次いで大化五年（六四九）には小華下の冠位で征新羅将軍となり、その子の根麻呂も天智二年（六六三）に征新羅将軍となった。その四世孫の大神朝臣宗雄は、承和六年（八三九）に遣唐録事となっている（『続日本後紀』）。

また、逆君の弟・忍人から高市郡真神原《まかみがはら》に居した三輪真神田《まかむだ》君氏が出たといい、大口君は大化二年（六四六）三月に大和で刀を盗まれたときに責任があった同国の介として『書紀』に見えており、その子が壬申の乱の功臣の三輪君子首《こびと》（大三輪真上田君子人）である。

以上で『書紀』に見える三輪氏の一族氏人はすべてであり、これらが皆、現在に伝わる系図に見えている。

奈良時代及び平安時代の三輪氏

天武朝に大神朝臣姓となって、高市麻呂・安麻呂・狛麻呂らの兄弟以降では、一族の人々が『三代実録』までの六国史などの史料にかなりの数で見える。高市麻呂が持統天皇の伊勢行幸に対して諫言したことは先にも触れたが、美濃国多芸郡には式内社の大神神社（岐阜県大垣市上石津町宮）があり、朱鳥六年（六九二）の持統天皇の伊勢行幸の際に、伊勢国三重郡に到着した時、大物主神が高市麻呂に託して「わが住む社を美濃国多芸山の川上に建てよ」といわれたので、この地を選んで創建されたと社伝にいう。

高市麻呂が上記諫言に因り中納言を退いてからの消息はしばらく不明であるが、これは左遷され不遇であったとみられている。それでも、大宝二年（七〇二）になって長門守、その翌三年に左京大夫に任命され、慶雲三年（七〇六）二月に卒去し、死後に壬申の乱の功により従三位を贈られた。神主家は子の忍人に受け継がれて、以降は永く世襲されたものの、一族の官人は五位にとどまり（従四位も豊島売が最後）、参議ないし従三位以上の高官を二度と出さなかった。ここでは、特徴的な者だけを取り上げて記しておく。

まず、『万葉集』に見える大神朝臣奥守《おきもり》（氏上で従四位上兵部卿の安麻呂の子）であり、天平宝字八年（七六四）正月に従五位下に叙せられたが、それ以外は不明である。『万葉集』巻十六には池田朝臣某（年代と地位から、名は真枚かといい、これが妥当かもしれない）との掛け合い罵倒の歌があり、池田朝臣の歌は、奥守が餓鬼のように痩せていることを、寺々の女餓鬼の言を用いてからかった歌であり、これに対し奥守は、池田朝臣の鼻が赤いので、大仏の朱色塗料に使う真朱（硫化水銀）が足りなかったら、水が溜まるような彼の鼻の上を掘ったらよい、とやり返したと見える（この応答には隠喩があり、「大仏建立に際して、水銀の不足した東大寺は、水銀採掘を束ねる三輪山勢力と関係を取り繕うとして腐心していたという当時の世情があって、この歌が詠われたのではないか」との見方〔小写楽さんのＨＰ〕も見える。そこまで深い意味が掛け合い歌にあったかどうかは、相手方から見て疑問ないし不明であるが、一応、紹介しておく）。

このほか、大神一族では『万葉集』に高市麻呂らしい「大神大夫」と大神女郎《いらつめ》（系譜等は不明）が見え、彼女は天平年間に大伴家持に贈った歌が二首（巻四、巻八）、あげられる。

次ぎに、遣唐副使の大神朝臣末足《すえたり》であり、宝亀七年（七七六）、遣唐副使の大伴宿祢益立を解任して、備中守従五位下の大神朝臣末足を小野朝臣石根《いわね》とともに副使に任じた（『続日本紀』）。このときの遣使は翌年、帰国しており、その後には正五位上左中弁となっている。三輪氏の関係者には対外交渉の任に当たる者が多く見えるが、末足もその一員であり、遣唐使任命では三輪氏で唯一で、海外に赴いた最後の一族であった。

更に、大神朝臣穀主《たねぬし》であり、三輪そうめんとの関連で取り上げられる。大和地方に飢饉が発生した時、穀主が保存食としてこの地の小麦を材料に、今の素麺の形状に似たものを考案したといわれる。古くから三輪山及びその周辺より流下する水を利用して水車で小麦を挽き、良質な水も麺の品質につながった。このため、三輪地方が「素麺発祥の地」といわれる。小豆島素麺のほうは、豊臣時代に三輪素麺の製法が伝わったとされる。

この穀主は、宮司（大神主）従五位上大神朝臣狭井久佐《さいくさ》（三支。天長四年〔八二七〕に氏上となる）の次男である。大田田根子命が最初の大神主で、その十二世の孫が狭井久佐ともいうが、これでは世代数が数世代少ない。後まで続く大神本宗家は、穀主の弟の野主が継ぐが、『続日本後紀』には承和六年（八三九）四月条に大神神主の大神朝臣野主を従五位下に叙した記事が見える。野主の子の千成が六国史に見える最後の大神本宗の人であり、『文徳実録』斉衡元年（八五四）正月条には従五位下に叙された。その後も三輪氏の族人は五位の叙位は受けたが、総じて言えば、藤原氏におされた結果、祭祀に専念し大神神社の奉斎につとめた模様である。なお、三輪若宮（大直祢子神社）の神官家は高市麻呂の次男の興志《こごし》が遠祖だと『高宮家系』に伝える。

平安中期及び後期の大神一族では、史料に見える人々は殆どが楽人か宇佐神宮祠官関係であり（ともに後述する）、なかでは十一世紀初頭頃の宇佐大宮司大神朝臣邦利がめぼしいくらいで、大宰権帥平惟仲や弥勒寺講師（後の石清水八幡別当）元命法師との争いが主である。この時期の大和三輪の大神本宗家の人々の動向は、系図以外では知られない。

大神真神田君氏の後裔と豊後の大神一族

三輪君の有力な支族に真神田君氏がおり、氏の名は高市郡の真神原（明日香村域で、飛鳥寺からみて北北西の地）に因んだ。真神原は「大口真神原」ともいうが、大口も真神も狼のことであり（風土記逸文）、この系統には大口（子首《こびと》の父）という名も見える。この氏の出自には系図に異伝もあるが、逆君の弟の忍人の後という系図があって、忍人の曾孫が子首であり、壬申の乱が勃発したときは伊勢介の任にあって大海人皇子を迎えた功臣である。子首は天武五年の死に際して内小紫位を追贈され、「大三輪真上田迎君」と諡り名を賜った。子首は天武朝に食封百戸を賜り、大宝令の施行後に改めて査定され、その四分の一を子に伝えることを許された（『続日本紀』大宝元年七月条）。

このへんは先に多少触れたが、子首の流れは官人として平安中期頃まで続いており、貞観・仁和期には全雄《またお》・良臣の兄弟が出た。兄の真神田朝臣全雄が左大史のとき、貞観四年（八六二）に改賜姓で大神朝臣となり、但馬介・勘解由次官などを歴任し、官位は従五位下が極位であった。弟の良臣も左大史となり、肥後介・豊後介を歴任したことが『三代実録』に見える。良臣の父祖にも史生や左少史・左大史という官職が見えるとともに、「大神氏児島系図」に拠ると、全雄・良臣兄弟の後裔にあっても左大史関連の官職についてそれぞれ二代ないし四代続いたことが見える。良臣の長子の庶足が「左大史従五位下」と見え、その子孫たちにも同様な官職が記載されるが、この辺は現存史料からは確認できない。

良臣の後裔として知られるのが平安後期以降の豊後の武家大神氏であり、良臣の善政を慕った人々の要請で任地豊後に残した庶幾《もろちか》の後裔という系図が多く残される。しかし、庶幾の男系が中世まで当地に継続したかも含め、この系図をそのまま信拠することは、疑問がある。系譜の途中に三輪山伝承類似のものが挟まることもあり、後ろで取り上げる。

三輪氏一族の墳墓

大和の古代大族では、大王一族や葛城・和珥・阿倍・物部などの諸氏が奈良盆地に巨大古墳を築造した。そうしたなか、三輪氏だけが古墳時代の墳墓が殆ど不明である。地域的に考え、本拠の磯城地方を見ていくと、大王一族の墳墓とはみられ難いホケノ山古墳や茅原《ちはら》大墓古墳、及び古墳時代中期の珠城山《たまきやま》古墳群あたりがそれに当たると考えられる。そうだとしても、これら古墳の最大規模が全長で八〇メートル台ということであり、葛城・阿倍・物部など他の大族諸氏の古墳に比べて規模がやや見劣りがする。

これらのなかでもまず注目されるホケノ山古墳は、全長が約八五メートルという古墳出現期の前方後円墳であり、古式土器（壺形土器）、画文帯神獣鏡（合計三面以上か）や内行花文鏡片（合計二面か）、鉄製農工具、多数の銅鏃・鉄鏃（各七〇個超）、素環頭大刀一口及び鉄製刀剣十口、水銀朱などの出土からみて、いわゆる箸墓古墳（箸中山古墳）とほぼ同時期かその前後とみられている。近隣（西方約二百メートルで、大字箸中は同じ）に位置する箸墓古墳と比べると、出土の二重口縁壺は土器形式の範疇ではほぼ同じ（布留1式だとの関川尚功氏の見解があるも、一に布留0式（庄内3式）ないし布留・庄内併用ともいう）とみられている。同墳の木槨の存在が『倭人伝』の「棺あって槨なし」の記事とも違う。

被葬者は、大神神社では豊鍬入姫命の墓としているが、むしろ大田田根子ではなかろうか。ホケノ山の石囲木槨に神殿様の建物があるのも、三輪山の神を祀る者に相応しいし、ホケノ山辺りから出たという鏡が大神神社の神宝になっている。四世紀中葉頃の景行朝あたりが盛行期の三角縁神獣鏡が同墓から出ていないことにも留意される。寺沢薫氏は、邪馬台国畿内説で、年輪年代法などによる考古年代繰上げの見方をとるため、卑弥呼の死と相前後して葬られた「卑弥呼側近の有力な男王（軍事指揮官など）といった像」とみるが、幾つかの前提に疑問があって、とりえない。そもそも、箸墓古墳が卑弥呼の墳墓ではない。

同墳出土の木棺材について放射性炭素法に拠る年代値は、もっと早い時期（三世紀中葉頃）を示すと、当初はされていた。これには、他の同法により算出される推定数値と同様、そのまま信拠し難く、傾向的に見て百年ほどの年代遡上があるのではないかと考えられたところ、橿原考古学研究所編集の報告書『ホケノ山古墳の研究』（二〇〇八年刊）では、「ホケノ山古墳中心埋葬施設から出土した木材の14C年代測定」（奥山誠義氏執筆）で中心年代が四世紀前半と改定されている。

ホケノ山古墳の西南側には、この古墳も境内に含む模様の国津神社（大字箸中のうち）がある。現今は天津彦根命など天孫系の五祭神とされるが（これゆえか、他田坐天照御魂神社に比定する説もある）、社名が古くからのものならば現祭神とは異なって、「国津神」たる大己貴神ないし眷属神を当初祀ったのではなかろうか。

国津神社

この境内地には、子持勾玉、有孔石製品や須恵器などの祭祀関係遺物が出土した。近隣の同市芝にも同名の国津神社（九日神社。箸中の同名社の西南約七百メートル）があって宗像三女神を祀るし、都祁などの山辺郡東山中の各荘には祭神を大国魂命とする国津神社があり、古くから農業神・水神として信仰された（『奈良県の地名』）。国津神は葛神で竜蛇神とされ、都祁や宇陀郡、吉野郡、飛鳥川上流域にも信仰が広がる。これらは、三輪山を含む共通の信仰圏ととらえうる（和田萃氏）。

茅原大墓古墳については、桜井市北部の茅原集落の北で、ホケノ山の東南一キロ余、三輪山山頂の真西（緯度で五秒という僅少差）約二キロの地点に位置する、古墳時代中期初頭頃の前方後円墳である。その全長が最近では約八六メートルに復元されると推定されており（もとは六六メートルという見方）、形態が帆立貝式（一般に四世紀末頃より出現）とされる。円筒埴輪のほか、日本最古の盾持ちの人をかたどる埴輪や水鳥形埴輪が見つかり、総合的に考えて築造が四世紀末頃とみられている。年代や規模等から考えると、被葬者は三輪氏の大友主命の可能性が大きい（学究の被葬者比定案は管見にないが、ネット上にはこの見方がある）。ごく最近、中心部の埋葬施設（粘土槨あるいは木棺の直接埋葬）が未盗掘の可能性がでてきたが、発掘調査は行わないとの報道

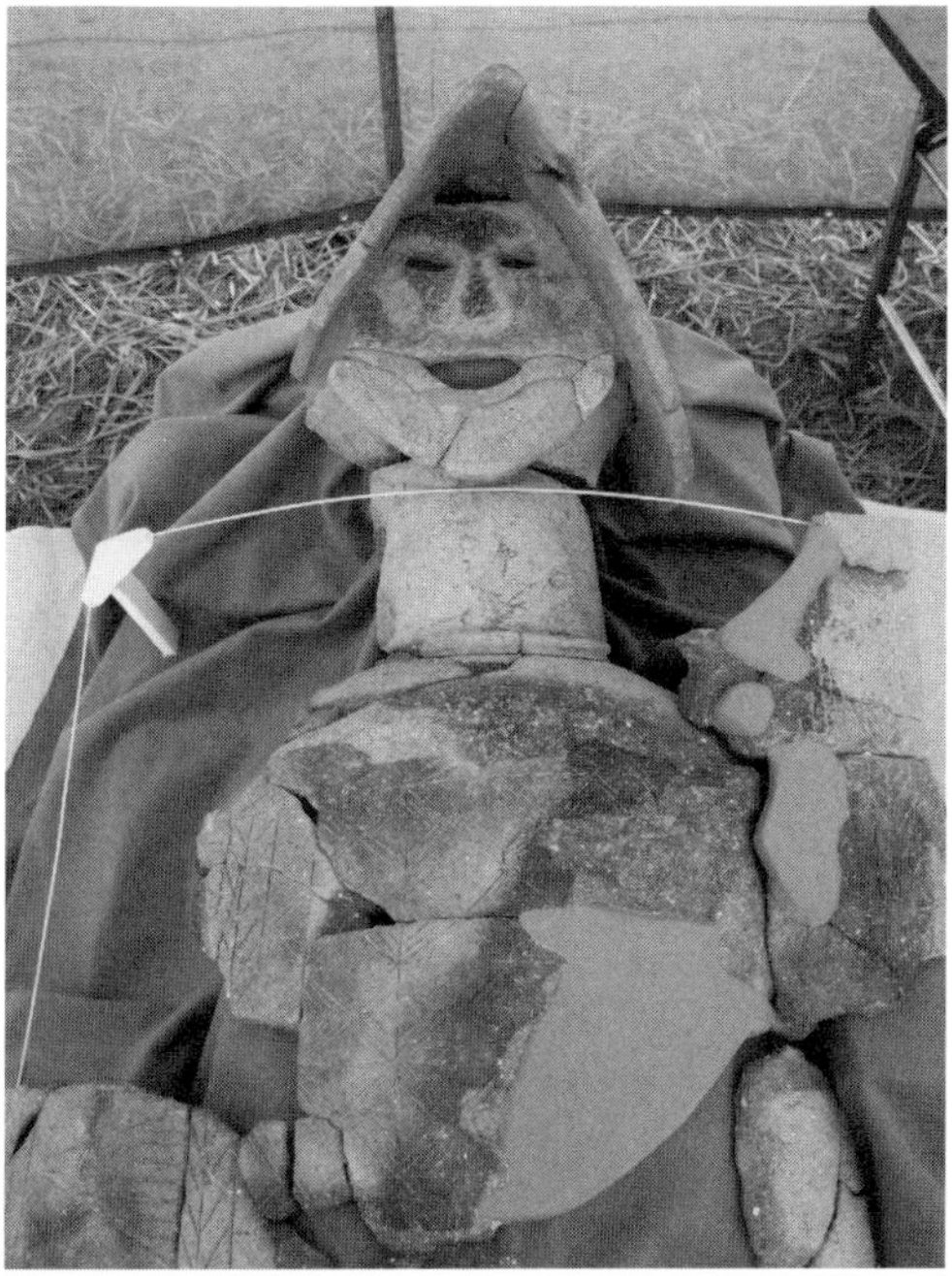

茅原大墓古墳出土の楯持人の埴輪

もあり、この辺は残念に思われる。

珠城山古墳群は、桜井市穴師字珠城山（茅原大墓の一キロ余ほど北方）にあり、現景行天皇陵（渋谷向山古墳）の南側に位置する。柳本古墳群の中に位置する前方後円墳三基から成る古墳群で、三基の古墳はいずれも古墳時代後期、六世紀代（一にその後半）の築造年代が考えられている。主に古墳時代の前期・中期に群形成をなした柳本古墳群のある地域の中にあって、後期の古墳群であり、類例の少ない優秀な副葬品（金銅製勾玉・銀環の装飾品や三葉環頭大刀・鉄鏃などの武器武具類、豪華な馬具、須恵器器・円筒埴輪片など多種）を出したことに注目すれば、大王家の古墳とは区別して、この地域の大豪族の墳墓と考えられる。墳丘規模も全長が約五〇メートル〜七五メートルという範囲とされる。

後期古墳では、茅原大墓古墳の近くにある狐塚古墳・弁天社古墳（ともに桜井市茅原で、封土が殆ど消失）なども候補とされる。狐塚古墳は一辺が約四〇メートルの方墳とみられており、巨大石室をもち、出土品などから七世紀初頭頃の築造とされる。

珠城山古墳群の１基

三　大己貴神とその神統譜

ここまで平安期頃までの三輪氏の動向を見てきたが、そのうえで、大田田根子からその先祖を遠く神統譜の領域まで遡る検討を、このあたりで行いたい。なかでも、大物主神の位置づけは、神武皇后の姫蹈鞴《ひめたたら》五十鈴姫命の父ないし父祖としても重要であり、志田諄一氏の論考「三輪君」ではかなりのスペースが同神の検討にあてられている。

三輪山伝説と丹塗矢伝説の意味

大物主神にまつわる「三輪山伝説」は、『古事記』『新撰姓氏録』など多くに見える。三輪氏の氏祖・大田田根子は人間の夫なくしてはらんだ活玉依姫《いくたまよりひめ》の子（ないし子孫）だという神婚説話が伝えられる。『書紀』の神代紀の一書に、大三輪神の子は「甘茂《かも》君等、三輪君等」の祖とされる。このように、三輪山祭祀にも関係する重要な説話であるが、従来は三輪氏そのものよりも、こうした祭祀面が取り上げられて検討されてきたようであり、関連する論考数もこの三輪山祭祀関係のほうが多い。しかし、総じて細部に拘りすぎているようであり、的確な把握とは言えないのではなかろうか。

『古事記』の記すところでは、活玉依毘売には夜中に訪れてくる男がいて、妊娠したことで、これを怪しんだ父母から、男の素性を探るため着衣に糸の付いた針を刺すようにいわれて、娘がそうしたところ、オダマキ（苧環。紡いだ麻糸を中が空洞になるように円く糸巻きした玉）の糸は三輪（三巻き）だけ残して、戸の鍵穴を通して美和山の神の社まで続いていた、そこでその神の子と知った、とある。

ところで、これをそのまま「神婚」と受け止めることが多いが、そう片づけては歴史の探究にならない。三輪氏の発祥問題についても、不明なままとなる。いったい、大物主神とはどういう者だったのだろうか。神が人間の女との間に子をなしえないはずである。大物主神の娘（ないし子孫）という姫蹈鞴五十鈴姫命が神武天皇の皇后であったことを否定し、あるいは神武天皇の存在を否定するなど、次から次ぎに否定を続けたのが戦後の津田博士亜流の考え方であった。しかし、これは明らかに論理性も合理性も欠いている。東アジアに広く見られる神話伝承や習俗・トーテミズムを総合的に理解しようとしない狭窄な視野では、わが国上古史の事物理解はできない。「天降り」も含め物理的にもありえないことだから、まったくの作り事だとか、史実原型のない神話、後世の造作だと片づけては、記紀神話の本来の意味が分からなくなる。北東アジアのツングースなどの半騎馬系民族においては、父祖の地から新しい地に移動することを天からの降下という感覚で捉えるにすぎないし、この種の別視点からの見方が記紀神話の理解のためには必要なのである。

類似するオダマキ伝説の保持集団は外国にもあり、伝説自体が渡来してきたものとみられている。三品彰英氏の説を踏まえて、伝説が「中国を原郷として、朝鮮半島を経て日本に伝わった」と阿部真司氏はみる（『大物主神伝承論』）。三輪山の神は蛇体といわれ、糸が鍵穴を通したのも蛇のあらわれとみられる。三輪氏が、磯城地方の北方に居た添上地方の和珥氏（和邇・鰐とも書き、臣姓で孝昭天皇後裔という皇別氏族と称されるが、これは系譜仮冒）と同族の海神族の出で、源流の地は遠く中国江南に発し、ともに竜蛇信仰をもっていた（詳しくは拙著『和珥氏』を参照）。三輪氏同族には和邇《わに》子《こ》（和爾古）という姓氏もあり、後に大神朝臣姓を賜ったことも傍証となる。「竜蛇」はこの種族のトーテム・習俗であった。要は、三輪山の神とはこうした種族の流れをひく人間だということである。

神が通婚したという活玉依毘売は、そもそもどこに居たのであろうか。これについては、活玉依毘売は鴨県主の祖・鴨健角身命《たけつのみ》（別名が武茅渟祇、三島溝咋耳命で、要は少彦名神のこと）の子だと伝えるから、三輪山麓ではなく、大和なら葛城地方（あるいは和泉の茅渟地方、摂津の三島地方）あたりに居たとみられる。糸がそんなに長いはずがないから、これは作り話とか空想だとか言わないで、具体的な事象の隠喩だと捉えるべきことは言うまでもない。

三輪山伝説は、「地祇本紀」では、男神は大己貴神のことと伝え、大鷲に乗って茅渟県に住む大陶祇の娘の活玉依姫を妻として密かに往来したが、妊娠を怪しんだ父母の教えで糸のついた針をつけたところ、鍵穴を出て、茅渟山を経て吉野山に入って三諸山に留まる、という遠距離でスケールの大きな話となっている。

また、『山城国風土記』逸文に見える賀茂社条の記事にもつながりをもつ。こちらの伝承では、賀茂建角身命の娘の玉依日売は、瀬見の小川で川遊びをしたときに川上から流れてきた丹塗矢《にぬりや》（赤く塗った矢）を拾って床の間においておくと、遂には孕んで父の名不明の男児を生んだと見える。ここでは、丹塗矢は男神陽物の霊代・象徴といえるし、弓・矢を造る部（弓削部・矢作部）の祖・賀茂建角身命の部族から男神を表したともいえる。

『古事記』では神武段に神武皇后の誕生譚が見える。それでは、三島溝咋の娘に勢夜陀多良《せやだたら》比売がいたが、この姫が便所で用をたしているときに、大物主神は丹塗矢に化して用便の排水溝から姫の陰部を突いたので驚愕したが、それでもその矢を床の間に置いたところ、矢は立派な男子に変身したとされる。この姫の名は「勢夜多々良姫」とも書き、姫蹈韛五十鈴姫（多々良伊須気余里売）と同様に「タタラ（製鉄）」の語を含むことに留意される。

『書紀』神武即位前紀に見える神武の正妃についての記事では、「事代主神が三島溝橛耳神の娘、玉櫛媛に婚して生んだ子を媛蹈韛五十鈴媛命という」とされる。これは同書・神代紀（一書第六）の「事代主神が八尋熊鰐となって、三島の溝樴姫《みぞくい》（あるいは玉櫛姫という）に通じて姫蹈韛五十鈴姫命を生んだが、これが神武の皇后だ」という記事にも通じる。大阪府茨木市五十鈴町に鎮座の溝咋神社では境内摂社に事代主神が祀られ、東隣の三島鴨神社でも事代主神が祀られて、両者間で神輿が渡り合っていたという（『日本の神々3』）。

　以上は、名前も内容もすこしずつ異なるが、総じていえば、要は、三輪山の神（大物主神、ないしは事代主神）が鴨健角身命の娘・活玉依姫のもとに竜蛇体あるいは丹塗矢という姿で通って、大田田根子の祖先や神武皇后となる女を生んだという

溝咋神社（大阪府茨木市五十鈴町）

ことである。伝承を保持する氏族によって、原型は様々に転訛している。神武皇后たる姫蹈鞴五十鈴姫の父神については、大物主神とも、事代主神とも伝えるが、結論的にいえば、両方とも妥当で、「大物主神＝事代主神」である（最近では、村島秀次氏が『歴史研究』六一八号「「大物主神＝事代主神」論」で説く。『古事記』の大田田根子種子系譜に事代主神が見えないのも同神を示唆する。国譲りの際に『書紀』一書の第二には両者が連名で見えるが、これはどこかで訛伝があったものか）。この神が出雲の大国主神の子に位置づけられる。活玉依姫は玉櫛媛ともいうが、この名は夫の事代主命の又名である玉櫛彦命に由来、対偶する事情もある。

三輪山（三諸岳）の神が竜蛇体であったことは、箸墓伝承でも、また雄略朝に小子部《ちいさこべ》連の祖・スガル（栖軽、蜾蠃）が神を捕らえてきたのが大蛇（雷神）であったとの伝承でも示される。この竜蛇体は、祭祀氏族の三輪氏が竜蛇信仰をもったことの表示であった。小子部連のほうは、十市郡多郷の皇別豪族・多臣氏の支族であるが、このときのスガルの行動を取り上げて、三輪山祭祀が王権により担われたとか、多氏に従属したとかいうのは、行き過ぎの推察であろう。大神神社の摂末社などを見ても、多氏関係の社はない。

箸墓伝承との関連

ここまで見てきた三輪山伝説は、倭迹迹日百襲姫命の箸墓伝承にも関連する。

百襲姫については、「倭大国魂神」（竜神）への祭祀奉仕が見えるが（崇神紀六年条の渟名城入姫、及び垂仁紀二十五年条割注に見える渟名城稚姫とも同じ人物）、大物主神が百襲姫に憑依したともあり、活玉依姫の神婚譚などを含め、これらの話しが三輪山の大物主神の妻という神婚譚に転訛したとみられる。『書紀』十年九月条に、「是の後に」と見える伝承では、夜ごとに通ってくる神の正体を知りたいということで頼んだら、それが櫛笥のなかの小蛇であることに驚き、大物主神への自らの不明・不敬を恥じて箸で陰部を突いて死んだことにもされた（これが「箸墓」の名の由来と伝える）。

しかし、このような転訛した話しは、すべてが史実ではない（上記の「是の後に」というのも、「大坂」の地名つながりだけで、前の文章とのつながりが悪く、年代特定もできないから、百襲姫が崇神十年九月に死んだわけでもない）。むしろ、更に昔の活玉依姫の神婚伝承が変化したものにすぎないから、現在のいわゆる「箸墓古墳」が伝承そのままの百襲姫命の墳墓であるはずがない。姫の墳墓が「大市墓《おおいちぼ》」といわれたと記事に見えており、百襲姫が倭大国魂神を祭祀した地の「大市」に築かれた墳墓である。この大市墓が西殿塚《にしとのづか》古墳（衾田《ふすまだ》陵。墳長二一九メートル）にあたり、その南側近くには祭祀の地、「大市の長岡岬」に通じる長岳寺という寺（大和神社の神宮寺として創建）もある。同墳は箸墓古墳に次ぐほど古い初期古墳であり、倭大国魂神が鎮座した竜

箸墓古墳と三輪山

王山の真西麓に位置する。西殿塚の西南近隣で、大和神社旧地にも近い中山大塚には大坂山の石が使われている（石野博信氏）。倭大国魂神も海神族の祖で竜蛇神だが（姫の「蛇巫」は変わらない）、大物主神とは異なる神（祖先神）である。

古代人の食事での「箸」の使用は、仏教とともに百済から伝来したとも言われ、六世紀以降の普及となる。朝廷の供宴で箸を採用したのは聖徳太子ともみられており（遣隋使の小野妹子一行が持ち帰った箸と匙とがセットの食事作法を取り入れたという）、日本で最古という箸が七世紀後半の板蓋宮跡や藤原宮跡からの出土品とされる（一色八郎氏『箸の文化史』）。倭人伝に見るように、古墳時代も手づかみで食事していたということである。

だから、いわゆる「箸墓古墳」は倭迹迹日百襲姫命の墳墓であるはずがなく、実際の被葬者は纒向（大和）王権の実質初代たる崇神天皇その人であった。所在する位置がまさに磯城水垣宮（瑞籬宮）の地域のなかにあり、巨大な規模（墳長二七八メートル）も大王の権威を裏付ける。平常の政治的経済的な感覚から言っても、一巫女の墳墓が実質的な始祖大王のそれより巨大なはずがない。もちろん、百襲姫が女王卑弥呼でもなかった。

大田田根子の祖系

三輪氏に話を戻して、櫛御方命《くしみかた》（奇日方天日方命）兄妹以降の大神氏の系譜を見ると、一伝の「地祇本紀」には、「①櫛御方命→②飯肩巣見命→③建甕尻命→④豊御気持命→⑤大御気主命→⑥建飯賀田須命→⑦大田田根子命」となっている。これが直系では、大田田根子命は櫛御方命の六代後の子孫（六世孫）となる。

天皇家の系譜は、記紀等では初代が神武天皇で、第十代が崇神天皇であって、その十代がすべて直系相続でつながるように記されるが、傍系も入る当時の相続形態としてはありえない話である。だから、後世の造作だ、ということではなく、史実原型としての族長地位の相続順が直系の系図として受けとられたものである。つまり、原型としての傍系相続（兄弟相続など）が後に変型して直系という形に系譜が変えられたものにすぎない。そのことは、三輪氏に限らず、他の古代氏族諸氏の系譜と対比すれば歴然となる。

総じていえば、神武朝に活動した人々と崇神朝に活動した人々との間に四世代が入る傾向が強い。こうした世代配分から言えば、三輪氏については、④豊御気持命と⑤大御気主命とが、同人か兄弟と考えるのが妥当な模様である。大田田根子は、『書紀』の言う大物主大神の直子ではないし、『古事記』の言う大神からの三代分の世代が省かれた系譜もそのまま史実ではなかった。「地祇本紀」系譜も若干の問題ありというところである。

ところで、この系譜では、神武朝頃の櫛御方命と神武紀に見える磯城県主祖の黒速との関係も不明である。太田亮博士の言うように、磯城県主が三輪氏と同族であるならば、年代的に両者が同人である可能性が大きいが、その辺は後ろで検討することとしたい。

大己貴神と大物主神との関係

ここまで、大己貴神（一般に国造りの大国主神と同神とされることが多い）と大物主神との関係について触れずにきたが、両神の関係をそろそろはっきりさせる必要がある。大物主神の「モノ・物」が「神の霊気、霊威、御魂」だとしても、同義の神が同神とは限らない。

記紀や「地祇本紀」などの記事では、大己貴神の和魂（ないし幸魂《さきたま》、奇魂《くしたま》）が大物主神だと見える。その登場ぶりは、『書紀』一書によると、少彦名神が去ったのち、大己貴神が一人、出雲で国造りをしていたときにその協力者を求めたところ、海原を照らして現れた神が大三輪神で、大己貴神の幸魂奇魂だと名乗り、日本国の三諸山に住もうと思うと述べて、そこに宮を建てて住んだとある（ここでは、大物主神の名は表示されない）。大和の三諸山の名も、同名が『出雲国風土記』大原郡に見える、素盞嗚神が住んだという「御室山」（大東町中湯石）に由来するものであろうか。大和の三輪山も御室山と呼ばれる。

神のもつ霊魂のうち、「和魂」とは、荒魂に対するもので、優しく平和的な側面であって、神の加護は和魂の表れとされるが、和魂はさらに幸魂と奇魂に分けられる。幸魂は運によって、奇魂は奇しき徳によって、身を守り、人に幸を与える働きだとみられている。幸魂は「豊」、奇魂は「櫛」と表されて、神の名や神社名に用いられることが多い。霊魂は肉体を離れて行動しうるから、このように記されるという註解もあるが（古典文学大系『日本書紀』上註）、これら神々はたんなる霊魂だけの存在ではなく、生身の人格（別人）であって、出雲から三輪山にやって来た神だととらえるのが妥当である。

三輪氏祖神の大物主神がまだ謎の存在であっても、その行動の大和における具体性・実在性を考えるのであれば、いわゆる「出雲」や「葦原中国」で活動したとされる大国主神の同神格（その幸魂）とみるには疑問が大きい。太田亮博士も、両者を別神とみており、菅野雅雄氏も大国主神について見える「亦の名」を「皆それぞれ別個の神」だとみる。私見では、必ず皆が別個の神というわけではないが、別個の神の場合がかなりあることに留意する必要がある。なお、その場合も、原田常治氏等の説く大和での「大物主＝饒速日命」という同神説は、大物主の名という「櫛甕魂《くしみかたま》、櫛瓶玉」と、饒速日の別名に見える「櫛玉」の音の類似が根拠というのでは弱すぎる。かつ、海神族系の三輪氏族と天孫族系の物部氏族という氏族・種族の性格や祭祀の相違を無視する論であって、参考にもしがたい。

大物主神は、出雲や北九州には活動ないし足跡がまったく見えないから、主に畿内大和で活動した神と考えるのがよい（後世の出雲国造の神賀詞《かむよごと》では「倭大物主櫛瓶玉命」と見える。神賀詞の文章は八世紀中期以後の内容だとの推定がある）。松前健氏も、出雲大社の祭神オホナムチとは異なり、「本来は別系の神であり」「きっすいの大和の土着神であった」とみる（「三輪山伝説と大神氏」）。事代主神も同様に、出雲の『風土記』等にはなんら見えないから（出雲の美保神社での奉斎は後世の付会か）、これもまた大和の神であった。

両神の関係は難解であり、太田亮博士は、大物主神・大国主神・事代主神を「此等を人格神と見れば、三神自ら別にして、三者の伝は各々之を異伝と見ざるべからず」と記される（『姓氏家系大辞典』ミワ条）。しかし、大物主神と事代主神とは、ともに行動が混同されがちなことが示すように、世代的にも同神とするのが最も納まりがよい（別神である場合には親子と受けとられ、私も一時期、親子とみたが、結局、同神だと考えることに帰着した）。

ちなみに、偽書『五郡神社記』などの記事によって、事代主神は飛鳥大神とされがちだが、飛鳥坐神社などで祀られる「飛鳥大神」とは、中臣氏族が祀る祖神の天辞代主命《ことしろぬし》のことである。これは、海神族系の事代主神とは別神であり、『姓氏録』に見える「天辞代主命、天事代主命」で、中臣祖神のほうであった。

出雲の大国主神

『出雲国風土記』に見える国造り（「天下造りしし」と形容される）の神が有名な大国主神である。山陰道には、出雲西部を本拠に同国のほぼ全域をカバーするような部族国家が神武前代に出現していた。このことは、最近までに発掘されてきた考古遺跡・遺物が示すところである。その大立者が大穴持命《おおなもち》と表記され、出雲郡の式内社に大穴持神社（及び大穴持御子神社）がある。この神は、名前からして「国譲り神話」で高天原の交渉相手となった大己貴神と混同されがちだが、両神が別神であることに留意しなければならない。

記紀の国譲り神話では、高天原が大己貴の葦原中国に対して国譲りを迫り、これが大己貴一族に受け入れられたところで、次ぎにまったく無関係な筑紫の日向の高千穂の嶺に天孫が降臨するのは、神代史の大矛盾とみられてきた。しかし、これは地名記事の表記をあまりにも素朴に受けとり、葦原中国について日本列島全土とくに出雲中心地域とし、天孫が降臨した地（及びその後の神武東征の出発地）を南九州の日向国と解したから、矛盾になったにすぎない。要するに、記紀記事の理解・把握の問題である。こうした単純で視野狭窄な理解のもとで、津田博士流の学究は、記紀神話を後世の造作だとみてきたのである。

すなわち、当該大己貴神が拠った「葦原中国」とは山陰地方の出雲とは異なり、筑前の那珂川下流の平野部、那珂郡一帯（福岡市街地）にあった海神族の国であった（田中卓氏が『住吉大社史』でオホナムチの本拠を元来、大和だとみるのも同様に誤解であり、出雲国造家が大和から出雲に遷住したわけではない）。この国は筑後川の中・下流域にあった天孫族の「高天原」と争って降服し、いわゆる「天孫降臨」を受け入れた。降臨地の「日向」も、日向国とは異なり、具体的な地理では筑前海岸部の怡土・早良両郡あたりとみるのが妥当である。

だから、「オオナムチ」なる神も、本来は筑紫にあった神であり、出雲で活動した大国主神とも異なる。世代と行動から考えると、出雲の大国主神とは、筑紫を去った大己貴神の子の味鉏高彦根《あじすき》命（出雲郡式内社に阿須伎神社があり、その祭神）の子に当たるとみられる。後世の「出雲国造神賀詞《かみよごと》」では、大穴持命の子が味鉏高彦根命である旨の記事がある。「筑紫の大己貴命＝出雲の大穴持命」という形で両者を混同して理解してはならない。味鉏高彦根命についても、「み谷　二渡らす　阿治志貴高日子根の神ぞ」と『古事記』に歌われており、巨大な蛇体のイメージがあると折口信夫などからみられている。

その妹の下照姫（高照姫）は、天照大神の子の天若日子《あめのわかひこ》（天津彦根命）に嫁して天目一箇《まひとつ》命や少彦名神を生んだ。天目一箇命は、製鉄・鍛冶の神として知られる神であるが、系譜としては物部氏族や出雲国造族の祖神（天穂日命ではない）にあたる。少彦名神は当初は出雲に行って大国主神の国造りに参加・協力したが、後に畿内に遷住したとみられる。

大国主神の子の世代になるのが、出雲に残った塩冶《えんや》毘古命と大和三輪に遷住した大物主神ではないかとみられる。

このように見ていけば、オオナムチに当てられる神は、同じ系統の別個の三神（三つの人格）のどれかにあたるが、それが筑紫の大己貴命に当たるか、出雲の大国主神なのか、大和の大物主神なのかをよく考えて、伝承内容を具体的に見極めなければならない。

神代紀の一書には、大国主神は、亦の名が大物主神、亦は国作大己貴命、葦原醜男、八千矛神、大国玉神、顕国玉《うつしくにたま》神という六つの又名が見える。これは後世の混同で一神となったものであり、実体を考えると、①筑紫の大己貴命、葦原醜男、大国玉神、顕国玉神というグループ、②出雲の大国主神、国作大己貴命（すなわち『出雲国風土記』の大穴持神。及び、おそらく八千矛神）というグループ、③大和の大物主神（すなわち事代主神）、という形で、活動地域ごとに整理される。そして、結論から先に示せば、年代・世代的には①②③の順で世系が続いており、三者の関係は、①と②は「祖父―孫」、②と③は「父―子」という親族関係にあった（具体的には、「筑紫の大己貴神―味鉏高彦根命―出雲の大国主神―大和の大物主神」という関係）。これは、天孫族系の少彦名神系統（「天照大神―天津彦根命―少彦名神―玉依彦命」）の四世代と相対応することで、諸世代の各々の配置が押さえられる。

これら神話とされるものに登場する神々を現実に行動する人間としてみることについては、津田史学の影響の大きい戦後史学では奇妙に感じる向きもあろう。しかし、大伴氏や中臣氏の上古史や神統譜を通じてみても、各々の遠祖神とされる天手力男命や天児屋根命は、現実の九州北部「高天原」のなかで具体的に活動する者であった。十八世紀前葉の新井白石の著『古史通』の巻頭で「神は人なり」と説かれる内容が全て正しいわけではないが、古代の神々を人間として具体的合理的な見方で解釈しうるかという問題である。記紀に「神」と記されても、実際に活動した年代と地域が具体的に特定できる人間であった。津田博士は記紀の記事を素朴に受けとめすぎ、北東アジアの習俗・祭祀やトーテミズムを理解しなかった。これでは、上古史の「真の研究に入ることが出来る」はずがない。

上古の出雲部族国家

ところで、出雲ははじめ考古遺跡の乏しい地域とみられていた。それが、昭和五九年（一九八四）

に島根県出雲市（旧簸川郡）斐川町の神庭荒神谷遺跡の発掘により、弥生中期の銅剣が三五八本も発見され、歴史関係者が驚愕した。さらに、一九九六年になって、島根県雲南市加茂町岩倉（旧大原郡加茂町）の加茂岩倉遺跡の発掘により、三九個もの大量の銅鐸が発見された。これら引き続く大発見は、多くの古代史研究家に衝撃を与えた。これら遺物とともに、弥生時代の出雲独特型式の墳墓（四隅突出墳墳丘墓）もあり、出雲国造が成立する前の時期に上古原始国家の存在が考えられることになった。

それが、神話とみられてきた大国主神一族による原始国家体だとされよう。その原始国家の版図を過大にみるのは問題が大きく、文化・祭祀面から押さえる必要がある。荒神谷の東南三キロ余に加茂岩倉が位置するが、両地のほぼ中間地点に大黒山（斐川町域）があり、山頂に兵主神社が鎮座し大国主命等を祀る。大黒山からは高瀬山、さらに仏経山と西南に連なり、伎比佐加美高日子命が鎮座の神名火山、仏経山頂には曽支能夜社がある。

古代の出雲の動向については、主に出雲西部の

出雲大社

出雲郡と東部の意宇《おう》郡に分けて論じられる場合が多い。出雲国造家のほうは、意宇郡あたりに居て熊野神社を奉斎していて、後に出雲郡へ進出したとみられており、出雲郡の方がより古くから弥生文化が発達していた。

神庭荒神谷遺跡や加茂岩倉遺跡（ともに弥生中期ないし後・末期）は出雲西部にあり、古墳時代の方墳は出雲東部に多い。東部にいた首長一族が大和王権に通じて西部を屈服させ、これが後に出雲国造家・出雲臣氏となった。西部にも豪族が残ったものの、出雲一国としては東部の豪族が西部も併せて出雲国全体の長となり、この出雲臣氏が元からの熊野大神を奉斎するとともに、西部の出雲大社（杵築社）の神主家ともなり、現在まで長く続いた。

出雲国造の成立・興起に関していえば、記紀神話に見えるような「天孫降臨・国譲り」の舞台は今の出雲に関係しない。田中卓氏の言うような、出雲族が大和から移ったものでもない。筑前沿岸部から海神族の味鉏高彦根命が、新天地や鉄資源を求めて出雲に至ったとみられる。出雲から大和への進出についても、大物主神において同様な契機があったのであろう。銅鐸などの祭祀をもつのが大国主神・大物主神一族であったとみられる。

播磨の伊和大神の伝承と祭祀

大己貴神に関連して、『播磨国風土記』では播磨のほぼ全域で活動が見える伊和《いわ》大神とその一族の位置づけも難しい。同書には、伊和大神という名が最も多く見えており（十八か所）、大汝命、葦原志許乎命という名でも六～八か所で表記されていて、播磨各地で神武前代に韓地から日本列島に渡来してきた天日矛《あめのひぼこ》（天日槍）と土地を争う話などが見える。「伊和」の村の元の名は「神酒《みわ》」だとも見える。

この伊和大神を祀るのが揖保川上流部の伊和神社（兵庫県宍粟市一宮町須行名《すぎょうめ》）である。伊和坐大名持御魂神社という名で、『延喜式』神名帳に宍粟郡の名神大社であげられ、播磨国一宮、旧国幣中社とされる。ここでも大名持神との縁が示されるが、「御魂」が付されているだけに、オオナムチと同系統の神とみられるものの、地域的にも年代的にみても出雲の神・大穴持命に当たるとは考え難い。大和の神・大物主命に当たる可能性のほうが高く、伊和神社の東北近隣に宮山という名の山があり、近隣には大倭物代主神社（同市山崎町下牧谷）という式内小社もあることも傍証になろう。上記風土記の伊和里の神酒伝承や妻神の富都比売が「村屋坐弥富都姫大神」（大物主神の妻神）に通じる点もある。十世紀前葉の『延喜式』成立より早い時期の「大同元年牒」には、「伊和神」及び「伊和大名持神」と見えるので、伊和社が古社であることがうかがわれる。

伊和神社（兵庫県宍粟市一宮町）

伊和社の摂末社を見ても、祀られるのは大国主神・大物主神の眷属神であり、三輪山と同様、同社と密接に関連する神山（祭祀対象が一つ山〔宮山〕及び三つ山〔白倉山・高畑山・花咲山〕であり、とくに神奈備形の宮山は三輪山と似た特徴がある）、これら各々に磐座と祠をもつから、この辺も三輪山祭祀に相通じる。伊和神社の真西にあたる地点の山腹から銅鐸も出土しており、これも海神族の祭祀に通じる。

この伊和神の実体が把握しにくい事情にあるが、いろいろ考えた挙げ句に、大和の大物主神が大和入りする前の神であろうということになった（あるいは大和の大物主神とも異なる場合には、その近親一族の別神で主に播磨にあった神かとみられる）。活動年代では、神武前代の神と受けとめられる。伊和神社の創祀は成務朝とも伝えるが、神社南方の伊和遺跡から出た滑石製の勾玉・小玉などの祭祀遺物や上記閏賀《うるか》の銅鐸出土、縄文期以来の開発状況などからみて、創祀の時期はさらに早く、神武朝頃にはすでに伊和族の来住があった。南方の飾磨郡にも同名の伊和里があり、その地の長越《ながこし》遺跡（姫路市飯田）からは、手捏土器や非常に固い弥生式土器が、伊和遺跡と同様に出土する。

伊和神社のある一宮町には伊和中山古墳群があり、同神社を北西に望む丘陵に十六基ほどが点在する。伊和中山一号墳は、方格Ｔ字鏡や素環頭大刀・鉄剣・鉄槍・鉄鏃・柳葉類銅鏃、玉類などを出し、四世紀後半ないし末の築造かと考えられている。墳長約六二㍍の前方後円墳であり、被葬者は伊和君関係者とみられる。

これに先立つ時期の築造とされるのが吉島古墳である。同墳は揖保川中流左岸、たつの市（旧揖保郡）新宮町吉島にある墳長約三〇㍍の前方後円墳で、内行花文鏡や三角縁神獣鏡三面・ガラス小玉などを出土した。ここでの三角縁神獣鏡は、椿井大塚山・奈良県佐味田宝塚・滋賀県雪野山等の古墳に同型鏡の出土があるから、四世紀中葉頃（景行朝頃か）の築造とみられる。伊和君一族が揖保川流域を勢力圏としていた事情からみて、これも伊和君関係の古墳とみてよい。大和王権の西方への進展過程にあって、他の播磨諸族と同様、伊和君一族も服属したが、これが上記の遺跡・遺物から見て取れる。

伊和神の実体に関連して、倭国造祖の長尾市が三輪氏祖の大友主とともに播磨の宍粟郡で天日矛に対応したという記事が垂仁紀にある。これは、天日矛の活動年代から見て後世の誤解・混入の記事ではあるが、天日矛が難波の渡しの神に遮られたという『古事記』の記事に通じるものを示唆する。とくに、神武の海上の道案内を「速吸之門」（明石海峡）から大和へ行ったとされる倭国造の初祖・珍彦《うづひこ》（椎根津彦）関係の神も、仮に伊和神と大物主神とが別神の場合には考えられる（この場合、年代的には珍彦の父神に伊和神を当てるのも一案か。その名は武位起《たけくらおき》命といい、播磨国赤穂郡式内の鞍置神社〔兵庫県赤穂郡上郡町金出地〕で祀られる）。伊和大神の妃神とみられる伊和都比売《いわつひめ》神社（式内社。御崎明神）が赤穂市御崎に鎮座する事情もあり、同名式内社が明石郡にもある（論社が、明石市大蔵本町の稲爪神社境内社などにある）。ともあれ、風土記の記事から見ても、飾磨郡の伊和里へは北方の宍禾郡から来たと伝え、伊和神は播磨全域にわたる開発神、経営神とされる。

伊和君一族と族裔諸氏

伊和神の一族後裔は伊和君などであり、伊和族とも総称される。伊和君氏は揖保川流域に繁衍し、宍粟郡を本貫とするが、風土記以外の古文献には殆ど見えない。延暦三年（七八四）成立の『因幡国伊福部臣古志』には、「味野の伊和塩古君」の娘が、七世紀中葉の孝徳・斉明朝に活動した水依評督・伊福部都牟自臣の妻だと見えるが、支族が因幡国高草郡味野（現・鳥取市上味野辺り。近くに美和の地名もある）にあったと分かる。高草郡の式内社にも伊和神社があり、千代川の下流西岸、鳥取県鳥取市岩吉《いわよし》に鎮座する。大己貴神を祭神とし岩室大明神とよばれ、岩室山に隣接する神社岩という大岩が当社の旧跡とされる。

この高草郡辺りから出て、宍粟郡北方の式内社で、伊和神の眷属神を祀る御形神社（宍粟市一宮町森添）を経て、伊和族は南下したものか。播磨・因幡での伊和君氏の実態は不明で、その後の動向も殆ど見えない（平安中期の平将門の乱に関連して伊和員経〔平将門の内竪（傍に仕える若衆、小姓）〕が見え、将門に諫言した。ほかに、平安後期の保延七年〔一一四一〕六月付け文書〔『平安遺文』六〇六五〕に当国大掾伊和豊□〔忠か〕が見えるくらいである）。

伊和社の由緒略記などには、欽明朝に伊和恒郷が祭祀に預かり、その後裔・恒雄が天平宝字二年（七五八）に神領を寄進したと伝えられ（これらは年代もふくめて疑問が多く、実在性は確認できない）、当社社家・大井祝の祖とされる。その後裔は、神官として永く同社に奉仕して、大井・安黒・

御形神社（宍粟市一宮）

安積《あづみ》・英保《あぼ》（安保）などの諸氏となった。これらには、海神族の阿曇連に結びつく要素もある。

上記祠官家のうち、英保氏は播磨古族の英保首《あなほ》（穴穂部首）の後で、伊和君の同族とみられる。『将門記』には、常陸大掾・源護が出した訴状により、左近衛番長の正六位上英保純行、英保氏立及び宇自加支興が朝廷から坂東へ派遣され官符をもたらしたと見える（明治の系図研究家中田憲信の一族も族裔で、明治三年の職員録に弾正台権少巡察の賀名生《あのう》憲信と見える）。一方、武位起命の後裔では八木造が播磨・美作や淡路などにあった（『姓氏録』には右京神別に掲載）。八木造の祖は、珍彦の弟の八玉彦だと系図に伝える。珍彦の後裔からも、播磨東端部の明石国造や吉備海部直が出た。

鎌倉期ごろから活動があらわれる中世の大族赤松氏は、村上源氏を称するものの、実際には海神族系で、伊和君氏か同族の後裔かとみられる。一族・譜代家老衆（赤松三十六家）のなかに揖保郡石見郷より起こる石見《いわみ》（石海）氏があり、赤松遺臣の石見太郎左衛門雅定（一に雅助）らは南朝から神爾を奪還して赤松氏再興に寄与した。石見氏は、元弘の役に武功があり印南郡野中城に拠った野中八郎貞国（赤松円心の叔父）の後裔という系譜を伝える（「伊和＝石」か）。赤松氏の祖に見える久範が「安積」という別称も名乗ったという伝承もあり、安積氏も室町期の赤松一族のなかに見える（野中貞国の弟、釜内範春の後裔）。

赤松一族は伊和神社の祭祀に関与し、神領寄進などで大きな寄与をした。明徳三年（一三九二）及び翌年に赤松上総介義則が神殿造築のため神領を寄進し、応仁元年（一四六七）に赤松政則も神領を寄進したとされる。一族の宇野氏も同社に多大な貢献をしたと伝える（以上、伊和君氏、赤松氏については、拙稿「赤松氏の先祖再考」〔『家系研究』五一・五二号に所収。二〇一一年四月・十月〕も参照。本書では若干の改変あり）。

「出雲神族」という呼称の疑問

ここまで見てきたように、三輪の大物主神の祖系は筑紫や出雲などの地域で活動していた。なかでも、記紀のいわゆる「出雲神話」の舞台は、天孫降臨や日向三代も含めて、現実には主に北九州の筑前海岸、平野部であった。そうであれば、オオナムチの系統の神々・一族を総称して「出雲神族」と呼ぶ従来の取扱いには、大きな疑問がある。しかも、後世の出雲国造家の系譜は、天孫族の天穂日命の後裔だとされ（実際には、同じ天孫族ではあるが、天穂日命の兄弟とされる「天津彦根命―天目一箇命」の後裔とみられる）、大国主神・大己貴神とはまるで別系統であるから、出雲神族という呼称はこの意味でも誤解を招きやすい。

出雲国造とされるのが「国造本紀」に見える崇神朝の初祖「ウガツクヌ（宇迦都久怒、鸕濡渟）」の後裔が本宗であっても、出雲の古代勢力についていろいろ考える限り、この一系だけが国造だったとはいい難い面がある。崇神朝末期の大和王権による出雲征伐に降服、従属したのが出雲東部地域の意宇郡あたりに居た豪族で、これが出雲国造家の先祖であっても、西部の神門《かんど》郡あたりにも国造クラスの家が残ったのではなかろうか。

それが、応神天皇の前身である若き日のホムチワケと肥長比売にまつわる出雲の蛇神伝承に現れる。『古事記』垂仁段には、この御子が物を言わないのは出雲の大神の御心からきているとのお告げで出雲にいたり、大神に参拝したとき、肥河（斐伊川）のほとりに仮宮（長穂宮と同じか）をたて、出雲国造の岐比佐都美《きひさつみ》が御食を献上したが、その後、肥長比売《ひながひめ》という美人と婚して一夜を過ごしてから、窃かにこの姫を見ると蛇だったので遁走したところ、姫は海原を照らして追いかけてきたとある。肥長比売は以上の経緯と名前からしても、国造の近親とみられる（国造が近親の女性を出雲滞在時の側女として差し出したものか）。

この蛇神の伝承は、一族が竜蛇トーテミズムをもつことを現したと考えられる（海神族の豊玉姫が子を生むときに鰐の姿となった伝承にも通じる。地域が少し離れるようなので、どこまで信頼して良いか不明だが、本牟智和気命・肥長比売を主祭神とするのが神門郡式内の富能加《ほのか》神社〔風土記の保乃加社〕で、神戸川上流の出雲市所原町に鎮座する）。肥長比売が「海原を照らして」行動する様は、先に見た三輪山の神の登場と同様であるから、これも竜蛇に通じる。

こうした諸事情から、ここで登場する「国造」とは、後の出雲国造（天孫系で天穂日命後裔と称した）につながる系統ではなく、出雲西部の斐伊川流域一帯にあった大国主神の流れをひく国造級の豪族かとみられる。『記』に出雲建が倭建命に誘殺されたと伝えるのが斐伊川辺であり、『書紀』に出雲振根が大和王権に従おうとする弟・飯入根を誘殺したのも斐伊川の止屋《やむや》の淵（神門郡塩冶郷。現出雲市大津町・塩谷町辺りか）であった（前者の伝承は後者の転訛か。倭建命は年代的に出雲平定には無関係だから、出雲建を殺すはずはなかった）。

神門臣氏の系譜

出雲西部のなかで代表的な豪族、神門《かんど》臣氏の系譜は、今は出雲国造と同族という血筋とされる。飯入根命（鸕濡渟の父）の後裔という一系のなかにおさまり、『姓氏録』でも鵜濡渟命の後と記されるが、実際には原型が別系統で、大国主神系ではないかとみられる。

神門臣の祖・伊加曽然《いかそね》は『出雲国風土記』に見えており、神門（神領への入口で、鳥居のようなもの）を献上したとある。世代等から考えて、伊加曽然の子とされる支須美《きすみ》が岐比佐都美にあたるものか。

出雲郡には風土記所載の支比佐《きひさ》神社（出雲市斐川町神氷の出雲郡式内社の曽枳能夜《そきのや》神社の摂社として存在）があり、この祭神だと伝える。仏経山（神火山）の西北麓、斐伊川右岸（東岸）にある曽枳能夜神社（風土記では山頂にあると記）の祭神とされる伎比佐加美高日子命も、岐比佐都美かその祖神に当たる者であろう。神社の地域はキヒサと呼ばれるから、ホムチワケの上記仮宮も曽枳能夜神社の鎮座地あたりにあったか。

出雲の大国主神たる味鉏高彦根命の流れのなかで、出雲にとどまったらしい子の塩冶毘古命の後裔に神門臣はあたるのではなかろうか。出雲郡式内社の日御碕《ひのみさき》社の検校（神主）職の小野氏は上古から続く家柄である。もとは出雲臣姓を称し、途中に日置、三崎とも名乗り、幕末期には出雲国内で杵築大社に次ぐ社領をもち、明治になって華族に列し男爵を授かった。その系譜を見ると、出雲国造と同族と称するものの、始まりから平安後末期頃までの前半部分の系譜は、合理的な形ではうまくつながっていない。こうした事情があるから、あるいは実際には神門臣一族系ないし別系の流れとなる可能性があるのかもしれない（日置部臣姓ともいい、神門臣同様、現伝する系図では鸕濡渟の弟の後とされていて、国造家本宗の鸕濡渟の後裔とはされていない。神門郡に日置郷があり、出雲市下塩冶町付近とされる）。『皇国世系源流』には、「天冬衣命―大己貴神―味鉏高日子根神―塩冶毘古命」とあげて、塩冶毘古命の後裔が小野氏だとも記す。

大田々祢古命の先祖も、磯城県主の傍流として出雲に居た。この地の島根郡には一族の大神掃石《はきし》朝臣を残したが、大田々祢古命は、出雲の神門臣の娘・美気姫を妻として、大御気持命を生んだという事情につながりそうである。美気姫の父は「地祇本紀」に見えないが、一に伊加曽然の娘だと系図に伝える（世代等から見ると、娘よりは妹とか叔母くらいの一族か）。大御気持命の妻も、「地祇本紀」

に出雲鞍山祇姫と見えるから、出雲国造の出雲鞍山祇命（一に岐比佐都美と同人か一族）の姉妹に当たる者か。

筑紫の大己貴神の遠祖とその源流

先祖をここまで見てきたのだから、筑紫の大己貴神の遠祖についても遡って考えてみる。三輪氏の遠い先祖につながる神統譜はどのようなものか、素盞鳴神の後裔だったのか。大国主は素戔鳴尊の子か、養子か、はたまた累孫なのかという問題でもある。

『古事記』には大国主神の祖系についても掲載があり、スサノヲ神の子の「八島士奴美《しぬみ》神―布波《ふは》能母遅久奴須奴《のもちくぬすぬ》神―深淵之水夜礼花神―淤美豆奴《おみつぬ》神―天之冬衣《ふゆきぬ》神―大国主神」と記される（これら歴代の神々の名義や実体は不明）。これは、最初に見た『姓氏録』大和神別・大神朝臣条の記事がスサノヲ神の六世孫が大国主神とされる内容と符合する。この神代記の神統譜を読むと、スサノヲ神の子の「大年神の子の大国御魂神」という譜も見えており、「大国主神＝大国御魂神」であるのならば、ここではスサノヲ神の孫が大国主神とされよう。「大年神」は大歳神とも見え、その子の御歳神と同様、海神族系統の神々で穀物の神として各地の神社に祀られている（播磨では特に大歳神が多く分布する。蛇神ともみられている）。また、オミツヌ神は、『出雲国風土記』に「八束水臣津野命」と見えて、出雲地名の起源とか新羅等からの国引きの伝承にあらわれる。

さて、スサノヲ神とは、記紀神話では天照大神の弟とされるが、これは後世の天孫族神統譜の改編を経た後のものであり、実際にはスサノヲ神の子と伝える五十猛《いたける》神とも同じ神で、韓地から日本列島に渡来してきた天孫族の始祖神である。だから、天照大神という神（記紀神話にいう女神ではなく、原型は男神でもある）の遠祖神のほうにスサノヲ神が位置づけられる。一方、大己貴神・大国主神らは、天孫族に数世紀先だって列島に到来した海神族系統の神々であったから、その男系はスサノヲ神の子孫ということにはならない。疫病神・鬼神とか竜蛇関連、あるいは三諸山などで大物主神とスサノヲ神とが共通する要素があったとしても、両者は本来、別系統の神ということになる。

そして、海神族系統の大己貴神の祖神にあたる神々はなぜか孤立しており、天孫系の神々と異なって、他の天神系の神々（中臣・大伴氏らの遠祖神）との通婚も知られないから、世代チェックもできず、祖系の比較照合もできない。『古事記』にはかなりの枚数がさかれて「出雲神統譜」が見えるが、これこそ後世に造作された抽象的系譜の模様である。

このため、大国主の祖系については、『神道大辞典』も考慮して、一応、「淤美豆奴神（臣津野神）―天之冬衣神（大歳神に当たるか。日御碕社小野氏の家系の天之葺根命）―大国主神（筑前の大己貴神）」というくらいに考えておきたい。記紀や『粟鹿大神元記』などにかなり詳しく見える神統譜について、これ以上の祖系の探究はあまり意味がない模様である。

四　大神神社の祭祀とその始源期

大神神社の祭祀

大物主神の祟りが疫病という形で崇神朝に世に出てきて、それが大田田根子の三輪山祭祀により鎮まった。そうしたことの意味として、三輪神の祭祀が復び行われるようになったことの効果とするのが自然だと考えられる。要は、大物主神の一団が最初に大和に移遷してきて、そこで秀麗な姿をもつ三輪山周辺に居を定め、この山を神山とする祭祀が既に起こっていたとみるわけである。三輪の山ノ神遺跡や禁足地の出土品などからみて、古く弥生時代からこの地域で祭祀がなされたとみられる（中山和敬氏『大神神社』）。それが神武の大和侵攻の後にあっても、大物主神後裔の磯城県主一族により祭祀が続けられた。

崇神朝には、従来の三輪族が祭祀をしてきた私祭の形から、天皇が祭祀をする官祭に変わったとみる研究者が多いといわれる（あるいは、三輪山祭祀は官祭から始まり、後に三輪氏の祭祀となったという見方ともとられる）。『書紀』崇神四八年条には、天皇が皇子二人について潔斎して夢占いをさせて、御諸山に登って東方を向き八度、刀槍を振るった夢を見たという豊城《とよき》命を東国鎮定の役割を担わせ、御諸山に登って縄を四方にめぐらせ粟を食う雀を追い払う夢を見たという活目《いくめ》命（後の垂仁天皇）

を自らの後継者に定めたことが見える。こうしたことから三輪山が王権と縁由が深く、巫女百襲姫の大物主神との神婚説話も合わせて、三輪山の祭祀を国家・王権が担ったという見方につながるわけでもある。

しかし、百襲姫の神婚説話は疑問な伝承であり（上述）、東国の大豪族毛野氏の先祖とされる豊城命も実際には崇神の皇子ではないから、この伝承は磯城県主一族の流れを汲む毛野氏のほうで生じた後世の伝承であろう。大田田根子が探し出されて国家・人民のために疫病鎮圧を祈って三輪山祭祀をしたとしても、従来からの私祭としての基本は変わっていない。というのは、大王家の祭祀のほうは、纒向王権の時代は穴師山（斎槻《ゆづき》岳）での穴師坐兵主神社（桜井市穴師町）とか巻向山にあり、そこでは天孫族同族の纒向

番号	名称・所在地	祭祀関係遺物
1	桜井市穴師　カタヤシキ	滑石製模造品（臼玉）
2	桜井市箸中　国津神社付近	有孔石製品、土製模造品（高杯）、土師器、須恵器
3	桜井市桧原　桧原神社付近	〔磐座〕土製模造品（盤・高杯）、土師器
4	桜井市　芝　慶田寺付近	滑石製模造品（臼玉）
5	桜井市　芝　九日神社境内	〔磐座〕
6	桜井市三輪　オーカミ谷磐座群	〔磐座〕
7	桜井市三輪　山ノ神遺跡	〔磐座〕小形の素文鏡3、碧玉製勾玉5、水晶製勾玉1、滑石製模造品（子持勾玉1、勾玉100余、管玉、臼玉、有孔円板、剣形）、土製模造品、須恵器、鉄片等
8	桜井市三輪　禁足地裏磐座群	〔磐座〕
9	桜井市茅原　箕倉山祭祀遺跡	土製模造品（高杯）、石製模造品（臼玉）、土馬
10	桜井市茅原　源水・堀田	子持勾玉
11	桜井市馬場　奥垣内祭祀遺跡	〔磐座〕滑石製模造品（双孔円板・臼玉）、土製模造品、陶質土器、須恵器、土師器
12	桜井市馬場　鏡池周辺	土師器、須恵器
13	桜井市馬場　若宮社境内	〔磐座〕滑石製模造品（臼玉）、須恵器
14	桜井市三輪　磐座神社境内	〔磐座〕
15	桜井市三輪　夫婦岩	〔磐座〕
16	桜井市三輪　大神神社三ツ鳥居下	子持勾玉
17	桜井市三輪　禁足地	〔磐座〕子持勾玉、滑石製模造品（勾玉・臼玉など）、土師器、須恵器
18	桜井市三輪　素戔嗚神社境内	〔磐座〕滑石製模造品（臼玉・管玉）、土師器
19	桜井市金屋　三輪小学校付近	土師器、須恵器、土製模造品、臼玉、勾玉
20	桜井市金屋　志貴御県坐神社境内	〔磐座〕
21	桜井市金屋　天理教敷島教会付近	滑石製模造品（臼玉・有孔円板）
22	桜井市　芝　初瀬川・巻向川合流地点付近	子持勾玉
23	桜井市　芝　大三輪中学校庭	子持勾玉

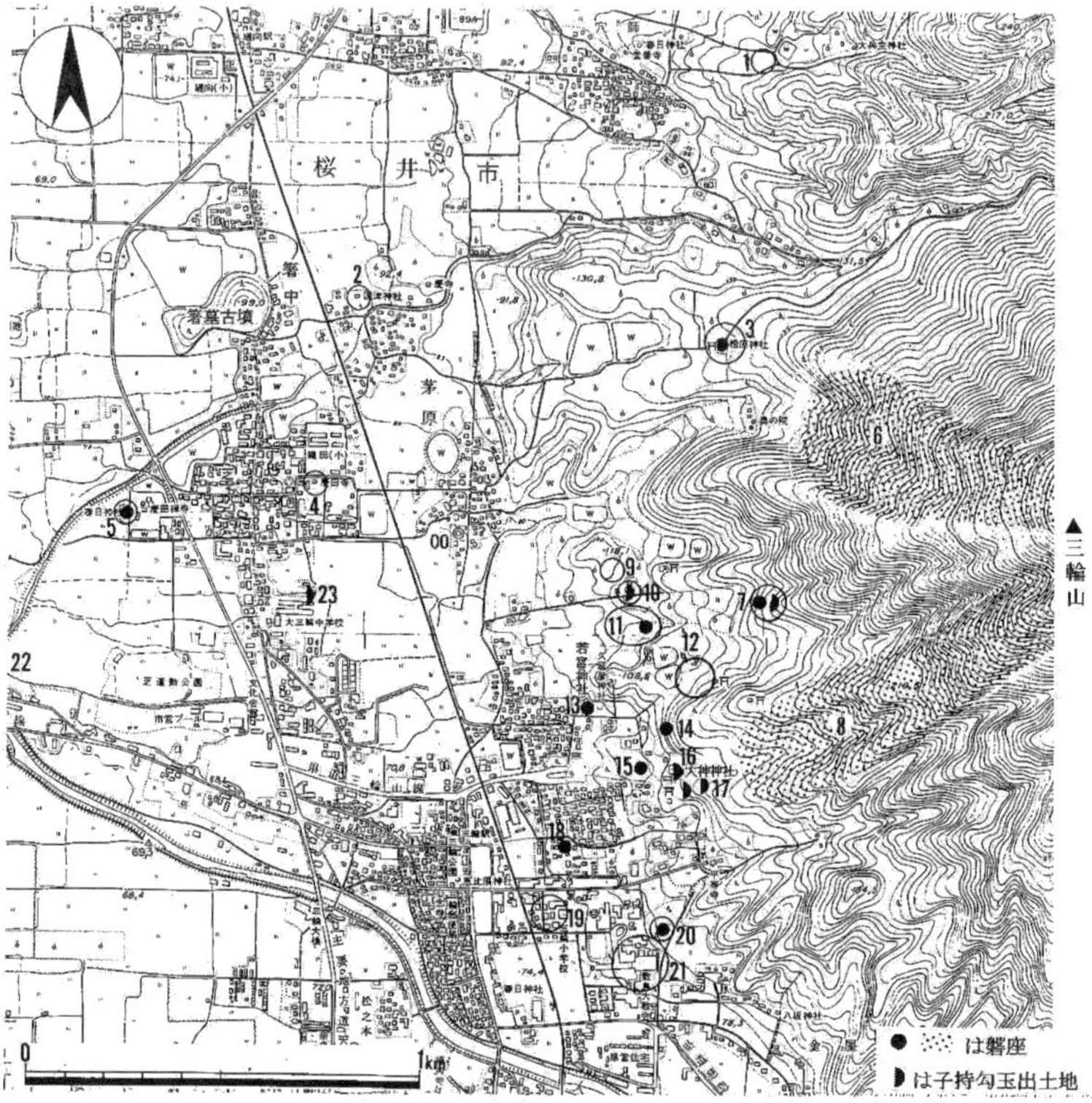

三輪山麓の祭祀遺跡（寺沢薫氏「三輪山の祭祀遺跡とそのマツリ」を基礎）

神主（忌部首同祖）等が王権祭祀を行ったからである。

小川光三氏は、箸墓古墳（私見では崇神の真陵）の中心線と現崇神陵（同、垂仁真陵）の中心線が穴師山の山頂で交わるといい、とくに箸墓古墳から大兵主神社を経て、兵主神社跡（夏至の大平）から斎槻岳の雄岳、さらに雌岳が一直線につながると指摘する（『大和の原像』）。「夏至の大平」と呼ぶ台地は、箸墓から見て斎槻岳に太陽が昇る時期を夏至として、この時に播く稲の無事な生育を祈る祭が行われたことに因むとみている。

纒向遺跡のなかにある太田の他田《おさだ》坐天照御魂神社（春日大明神）も、時期が不明であるが（祭祀の時期が纏向王権の時代でなければ、日奉部が設置された敏達朝くらいか）、王権が祭祀したとみられる。神社の地から見ると、立春・立冬では日の出が三輪山山頂付近、春分・秋分には巻向山頂上付近となり、日読みの地であったという指摘もなされる。

大神神社は、神体たる三輪山の西麓、奈良県桜井市三輪に鎮座し、大物主神（櫛甕玉命）を祀って現在まで続き、神階は貞観元年（八五九）二月に正一位勲二等に達した（『三代実録』）。以降は、式内名神大社（『延喜式』神名帳に「大神大物主神社」の名で掲載）、大和国一宮三輪明神、明治以降では官幣大社として、医薬・酒・厄除の神として篤い信仰を集めてきた。神宮寺の一つが現存する三輪山平等寺（三輪別所との呼称あり）であるが、中興の三輪上人慶円は九州菊池氏の族といい、三輪氏とは関係がない。全国各地にある大神神社・神神社（美和神社）の本社で、有力分祀社や神封の分布は吉備や防長・濃尾に多いとされる。

三輪山祭祀と王権祭祀

王権祭祀との関係では、寺沢薫氏が「三輪山の祭祀の原像と成立」という項（『日本の歴史02王権誕生』）で三輪山祭祀について特徴的に見解を示される。これを主に踏まえて、三輪山祭祀の始まりや、それが王権祭祀かどうかの検討もしておく。まず、寺沢氏の記事の趣旨を示すと、概ね次のようなものであろう。
①三輪山麓には祭祀用の磐座が群在するが、祭祀用の農工具や須恵器などからみて、それらは四世紀前半に始まり五、六世紀を中心とする。
②子持勾玉の出土が奈良盆地では三輪山麓に集中しており、祭祀の原像は、水と火の祭り同様、

農業生産や万物の豊穣に関わる二元的世界の調合、地霊（地神）の増幅にあったと考えられる。
③祭祀は、弥生時代のヤマトでの三輪山に対する農耕生産に関わる土着的な信仰に端を発し、王権の誕生とともにそのまま王権の祭りとして三輪山祭祀が完成した、との考えは強いが、祭祀遺構や出土遺物から実証的にみるのであれば、三輪山祭祀の成立は、四世紀前半になってのことであるから、王権の系譜と同様、弥生時代のヤマトでのマツリをそのまま引き継いだものではない。
④三輪山祭祀が王権祭祀へと変貌したことについて、『書紀』崇神六年条の三輪山祭祀の誕生にまつわる説話に注目される。それでは、天皇の大殿に並び祀った天照大神（太陽神）と倭大国魂神（大地主神）の分祀で、前者は豊鍬入姫命につけて笠縫邑に祀り、後者を祀らせた渟名城入姫命は衰弱して祀ることができなかったとされる。
⑤この説話のモチーフは、考古学から見た三輪山西麓の祭祀の変遷と整合的で、四世紀前半に遡

大神神社

る祭祀遺物は、桧原《ひばら》神社付近と狭井神社〜大神神社の二か所から出土する。
⑥倭大国魂神の分祀先は、現在も祭神として祀る狭井神社付近で、これが三輪山祭祀の始まりと考える。三輪山祭祀の直接の原型は纏向の火と水の祭儀だといってもよい。
以上を総括して、王権の祭祀には相異なった性格をもつ二神が重なっていたこと、太陽神祭祀は王権が権威を拡大・守護するポジティブな祭祀であり、大地主の祭祀は弥生時代以来の農耕のマツリに通じて王権が制圧すべき地域の伝統的土地神を統合するネガティブな祭祀だといえる、とする。和田萃氏も、四世紀から五世紀にかけての三輪山は、王権による日神祭祀の斎場で、山頂は国見儀礼の舞台でもあったが、五世紀後半の伊勢神宮の創祀とともに三輪山祭祀は中断し、六世紀中葉には王権から三輪氏に祭祀権が委譲され、祭祀が再興されたが、祭祀対象も祟り神となった、とみる。

しかし、これらの見方には、私は多々、大きな疑問を感じる。寺沢見解はいわば結論的なものの羅列であり、当該記事はわずか三頁分に満たない分量なので、これを取り上げて批判的検討をする

三輪山中の磐座

のもどうかと思う面もあるが、それだけにかえって要点が分かり易い面もあるので、ここで取り上げてみた。総じて言えば、同見解は根拠・論証も不明ないし十分ではなく、多くのことが混同され、混然としているとみられる。とはいえ、参考になる点が多いので、次項に多少の推測をまじえて記事を解釈したうえで、検討してみる。

三輪山周辺の祭祀遺跡――寺沢見解に対する検討・反論

三輪山祭祀を考えるために、その周辺の祭祀遺跡などを具体的に考えつつ、寺沢見解について検討し、以下に私見を要点的に記してみると、次のとおり。

㋐総括的に言えば、四世紀前半に三輪山祭祀が主に始まるというのは、大田田根子の登場と符合しており、これに異議はないが、もと大神神社宮司であった中山和敬氏もいうように、弥生時代の考古遺物もあるとされるから、それ以前から祭祀はなされていた。竜蛇信仰は稲作文化をもつ弥生人、海神族の伝統であった。長い間、同じ場所で祭祀が継続した場合、祭祀遺物の新しい時代だけを取り上げて祭祀年代の判断はできない。これも含め、狭井神社付近が三輪山祭祀の始まりというのは、根拠に欠けており、疑問がある（後掲㋔なども参照のこと）。

㋑寺沢氏は纒向遺跡の考古年代を総じて百年ほど古く見すぎており、纒向遺跡も四世紀前半に始まる（かつ、王都とした崇神の治世時期を概そ三一五～三三二年とみるのが私見。拙著『「神武東征」の原像』参照）、と私見ではみるから、王都纒向での王権祭祀が衰退して三輪山祭祀が始まったとする見解には反対である。両祭祀は並行するものであって、三輪山の神が王権祭祀とは異質な性格（竜蛇神祭祀）を持つのは奉斎する部族・種族が違うのだから当然であり、これについて異議がない。

三輪山付近の王権祭祀が桧原神社あたりで行われたとみられるが、その辺りの祭祀関係遺跡も考古年代的に奥垣内祭祀遺跡（下記）と殆ど変わらない模様である。

㋒問題は、記紀成立頃までの概念で神々の「和魂、荒魂」をとらえていることであり、本件にあっては「大物主神の荒魂＝大国魂神」と受け止めることが疑問である。具体的には、狭井神社すなわち狭井坐大神荒魂神社は、その名のとおり大物主神の荒魂であって、大国魂神（筑紫の大己貴神）を祀る社ではない（現在も祭神は大神荒魂神、大物主神とされる）。通称の花鎮社が示すように、国の疫病を鎮めた大物主の荒魂であり、大物主は一般に大国主の和魂とされるが、これは誤りだと先に述べた。三輪創祀の頃に「荒魂」という概念があったとは思われず、寺沢氏の見方は狭井神社の性格（更に後述する）を考慮しないものである。

なお、『大倭神社注進状』には、大国魂神を祀った「大市長尾岬とは、今の狭井社の地」という記事が見えるが、同書はデタラメの多い偽書であり、信拠できない。

㋓三輪山祭祀は、祭祀の当初から大物主神を祀るものであり、倭大国魂神の分祀が三輪山祭祀の創祀ではない。崇神六年条の記事が「三輪山祭祀の誕生」に関するものではないことは、後に続く同七年八月及び十一月の記事を読めば明白である。そこでは、大田田根子を探し出して大物主神を祀る祭主とし、倭大国魂神のほうの祭主は長尾市だと記される（しかも、寺沢説は垂仁紀二五年三月割注の記事を無視しており、倭大国魂神を狭井神社で祀るという記事も『書紀』等で管見に入っていない。要は、㋒の問題が大きい）。

㋔大神神社では現在地での祭祀が創祀以来続いたということのようで、拝殿等移遷の所伝は管見に入らないが、神社の遷座は一般にありうるので考えてみると、狭井神社付近が創祀地という証拠が文献的にも考古遺物的にもないし、おそらく異なると思われる（祭祀関係考古遺物の出土は、桧原神社付近の若干を除くと、狭井神社の北方近隣数百メートルの一帯（下記両祭祀遺跡など）、及び大神神社一帯（禁足地など）に大きくグループ分けされ、狭井神社には見られない。上記で寺沢氏がいう祭祀遺物の出土地は、その括りが漠然としているきらいがあるが、「狭井神社付近」というのが具体的に奥垣内・山ノ神の両祭祀遺跡あたりを意味するのであれば、私見とほぼ同じとなるが、両祭祀遺跡が狭井神社のみに関連するものなのであろうか）。

三輪山麓の古い祭祀遺跡として、大神神社の北西の字・馬場（今は大字三輪の北部）、狭井川渓谷に近い緩傾斜面で発見された磐座を伴う奥垣内祭祀遺跡（神武天皇聖蹟の南側。馬場遺跡）が名高く、この地は狭井神社から北西へ数百メートル進んだ狭井川の辺にある。ここでは滑石製模造品や須恵器を大量に出すが、磐座をもち子持勾玉・小銅鏡（素文鏡）・須恵器・鉄片など多数の遺物が出た山ノ神祭祀遺跡（狭井神社から北東で、大字三輪のうち。辺津磐座の一つとされる）よりは、地形的に考慮しうる。奥垣内等での出土須恵器は、その殆どが陶邑（阪南古窯址群）で生産されたものと佐々木幹雄氏がみるから（「三輪山祭祀の歴史的背景」）、これも奥垣内遺跡の古さと大田田根子の陶邑出自を傍証しよう。これら祭祀遺跡や近隣の浅茅原の狭井川辺あたり（三輪山頂の真西の地域）が、大田田根子祭祀当時から四世紀代頃の大神社初期鎮座地という可能性があろう。

この関係の祭祀遺物をみると、子持勾玉という特色もあり、橿原考古学研究所によると、勾玉の霊力を高めて多産・増殖を祈る呪術的な遺物とされ、大和では三輪山周辺に多く出土して、文献も含めて合計五八例あり、全国では上野（群馬県。毛野地方）の七十例に次ぐ（毛野氏の系譜は皇裔ではなく、実際には三輪支流の出）。長野県や伊豆半島にも多い。直良信夫氏は、弥生時代の銅鐸に根源があるとみており、そうすると、共に海神族祭祀に通じるから、王権祭祀とはこの点でも無縁となる。三輪一族祖先に見える「顕国玉命、玉櫛彦命、活玉依媛（大物主神妻）」の「玉」とも関係するか。

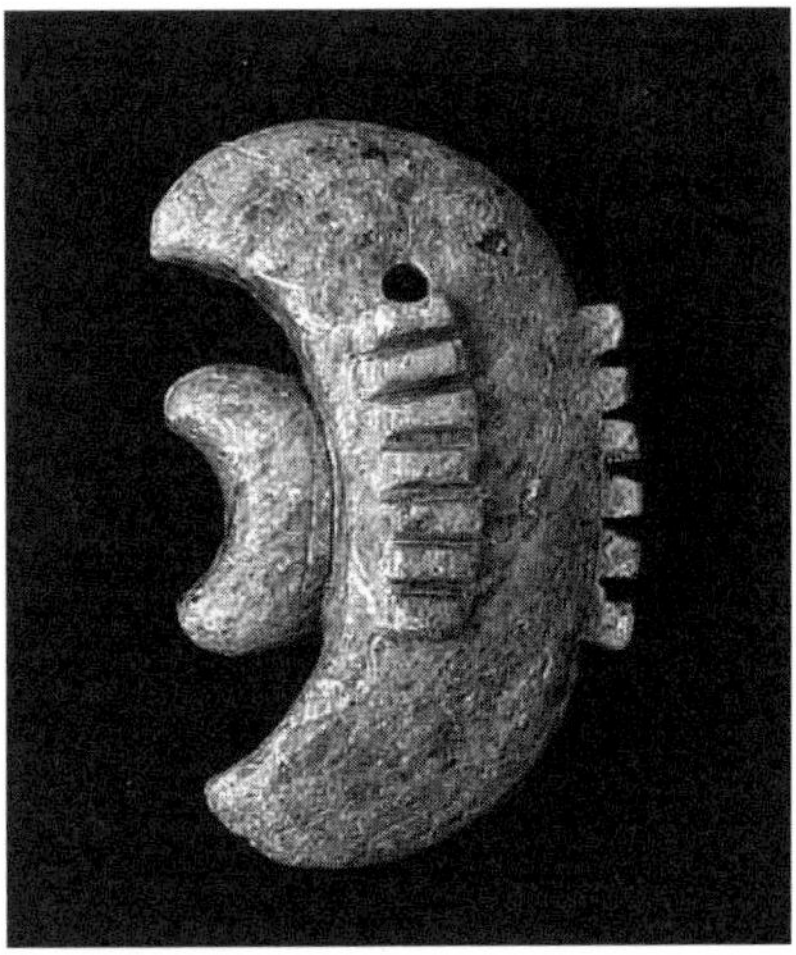

子持勾玉（桜井市松之本遺跡出土）
＝橿原考古学研究所提供

㋕倭大国魂神の祭祀は、渟名城入姫命（渟名城稚姫命と同人）が大市の長岡岬で祀り（垂仁紀二五年三月割注）、その身体衰弱により、次ぎに倭国造の祖・長尾市に受け継がれて、現在は天理市新泉町に鎮座の大和《おおやまと》神社（式内社の大和坐大国魂神社）となっている。この祭祀氏族は、倭大国魂神の後裔で長尾市を祖とする倭国造であった。

㋖三輪山祭祀は、先にも触れたように、稲作を伝えた種族（海神族）による農耕祭祀につながるが（子持勾玉も豊作・再生の祈願か）、これがネガティブな祭祀だといえるわけがない。王権祭祀は東夷・騎馬民族系の太陽神祭祀であって、これに多少攻撃的掠奪的な積極面はあったとしても、対比してポジティブな祭祀という捉え方にも疑問がある。祭祀される神の性格が奉斎種族により異なるだけである。

㋗大神神社の摂社のなかには太陽神祭祀らしい神坐日向神社もあるが（現在は、同社は山麓にあっ

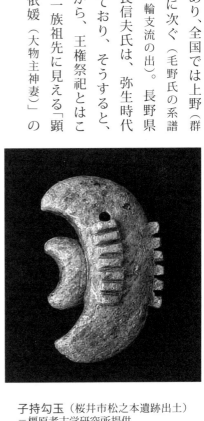

て、櫛御方命らを祭神とする）、この社がもとは三輪山頂にあったとしても、ただちに三輪山祭祀が王権祭祀を意味するものではない（大神神社に関連する少彦名神後裔氏族の祭祀にかかるものであろう）。例えば、春日大社でも、境内の御蓋山頂に鎮座する摂社、本宮神社（浮雲宮）について、これを式内社の大和日向神社に比定する見方がある。同社は最も神秘的な場所で一般参拝は許されず、春日明神降臨の地（武甕槌命が白鹿に乗り浮雲峯に天降られた神跡）とされるが、「日向」という名前がついていても、王権祭祀には関係がない。三輪山頂の磐座からは祭祀遺物が出ていない模様である。

祭祀遺物の出た桧原神社が王権祭祀に関係するとしても、三輪の地では北端の位置にあり、同社の位置づけの経緯が不明で、三輪山祭祀と関係があったとただちには言い難い。崇神王統の纒向時代の王権祭祀については、古社・その奉斎者・地理的状況を考古遺物・遺跡等に併せ考えて、弓月嶽（穴師山）や巻向山の祭祀を考えるべきであろう（次項でも記述）。

上記項目のうち、㋔大神神社の上古（祭祀当時）の鎮座地についても、もう少しして考えてみる。当初の鎮座地はおそらく別にあって、それが現鎮座地に遷座したとき、狭井神社も現在の地に創祀されたのではなかろうか。その当初鎮座地候補を具体的に考えると、
①地点：奥垣内祭祀遺跡及びその北側の箕倉山祭祀遺跡（土製・石製の模造品、土馬の祭祀遺物が出土）のあたりか、
あるいは②地点：その①地点から西北方の近隣五百㍍弱の地で、神御前神社のすぐ北西側にある富士神社（現在は大神神社末社）のあたり、
があげられる。②地点が茅原大墓古墳の真南約三百㍍に位置する。神武皇后となった姫蹈鞴五十鈴

姫の家が狭井川辺にあったと『古事記』神武段に見えるから、磯城県主一族は狭井川沿岸部に家居していた（明治の神武天皇聖跡指定地の南方近隣に富士神社が位置する）。

地図をよく見ると、ａホケノ山古墳・国津神社（大田田根子関連の地か）、ｂ桧原神社、とｃ奥垣内祭祀遺跡あるいはｄ富士神社・神御前神社、という各々の三地点を結ぶと、共に正三角形にほぼ近い形になり、その三角形の中に茅原大墓古墳（大友主命関連か）や神武天皇聖跡指定地（姫蹈鞴五十鈴姫関連の地）が収まっている。

和田萃氏が説く三輪山の国見儀礼については、まるで根拠がない。『書紀』崇神四八年正月条の夢占説話が根拠にならないのは、崇神の後継候補の豊城命と活目尊についての三輪山伝承は史実には基づかず、三輪氏族関係者だけのものだからである（崇神皇子としての豊城命は実在せず、かつ、毛野氏系統は三輪氏同族であった）。香具山（天香山）で国見儀礼がなされても、三輪山での国見儀礼の実例はまるで確認されない。鈴木正信氏も、三輪山を舞台とする国見儀礼も日神祭祀も、痕跡が認められないとして共に否定し、祭祀遺物の継続的出土や遺物の性格にも大きな変化がないことなどを指摘する（『大神氏の研究』）。

桧原神社の祭祀

関連する王権祭祀についても、もう少し言うと、桧原神社は、三輪山の東北麓に位置するが、巻向山から流れ出る纏向川（穴師川）沿岸というほうに意味があって、『万葉集』巻十の歌には「巻向の桧原」という表現もある（同巻七には「三輪の桧原」ともあるが）。その祭祀対象は「弓月嶽《ゆづきがだけ》（斎槻岳）」だったのであろう。この弓月嶽について諸説あるが、同社の東北方の穴師山（標高四〇九メートル）かその東南方の巻向山（標高五六七メートル。三輪山より百メートル高い。桧原神社からは真東）かとみられている。

小川光三氏がその著『大和の原像』（増補版の刊行が一九八〇年）で記述されるのを踏まえて考えると、その説く穴師山説が王権祭祀の対象として先ず考えられる（この辺については拙著『神功皇后と天日矛の伝承』参照）。穴師山の西麓の桜井市穴師には、兵主神すなわち天孫族の始祖神・五十猛神を祀る大兵主神社（穴師神）が鎮座しており、天孫族から出た忌部首氏の同族、巻向神主氏が奉斎していた。当社の「参詣の栞」（一九六七）によれば、

「元要記（平安時代）及び社記によると、崇神天皇六十年、纒向穴師山に、皇女倭姫命が帝の御膳の守護神として、穴師兵主明神を祀られたとあるに創るが、これが兵主神社の創建を伝える最も古い年記である」とある（穴師坐兵主神社明細帳によれば、これが「垂仁二年」というが、時期的には崇神末期ないし垂仁初期ということで大差はない）。

倭姫命とは一般に景行の姉妹とされるが、景行は記紀に父とされる垂仁とともに、実際には崇神天皇の皇子であったから、崇神皇女で笠縫邑に皇祖神を祀ったと『書紀』に見える豊鍬入姫命は倭

桧原神社。「笠縫邑」の伝承地としても有名

姫は同人となる。大兵主神社も桧原神社も纒向川沿岸にあるから、この辺りで倭姫が祭祀活動をしたものとみられる（笠縫邑の比定地は、後でも記述）。

三輪山は典型的な円錐形で、トグロを巻く巨大な蛇の形態を連想させ、その名称「神輪《みわ》」は神蛇のトグロの輪を意味し、大神神社の注連縄や茅原の荘厳講という神事組合も蛇に通じるから（吉野裕子『蛇』）、これを竜蛇信仰を持たない大王家が崇拝するはずがない。

もう一つ考慮されるのは、箸墓古墳（崇神の真陵）を基点として、東方及び西方に北緯線上を見たとき、祭祀遺跡及びその関係地が一直線に並ぶという重要な指摘である。それが『大和の原像』に見えるから、次項で見ることにする。

王権祭祀と「太陽の道」

箸墓古墳を基点として、東の方向を見ると、箸墓古墳↓国津神社↓桧原神社↓巻向山（山頂の南方台地）とほぼ一直線に連なる位置にある（みな、ほぼ北緯三四度三二分上で、小川光三氏が言う、いわゆる「太陽の道」であり、「春分・秋分の日の出・日没ライン」を意味する）。これは纒向遺跡にあった王権の当時の祭祀対象が現・巻向山だった可能性を示唆する。

最近、纒向遺跡で発見された大型建物（神殿ないし宮殿）の中軸線を真東の方向に辿ると、三輪山ではなく巻向山の山頂を経て、更に遠く伊勢皇大神宮の辺り（伊勢斎宮遺跡（三重県多気郡明和町））を通り、伊勢湾口の神島まで至るとされる（具体的には、箸墓が北緯三四度三二分二〇秒、桧原社が同三二分一八秒、三輪山が同三二分六秒、巻向山頂点が同三二分三〇秒、斎宮跡が同三二分二五秒という数値であって、小川氏の指摘は概ね同三二分二〇秒を中心帯とする。このため、巻向山は山頂ではなく、「巻向山頂南方台地」

〔①南南西三百メートル弱の地点。同三二分二一秒、②西南西六百メートル強の地点。同三二分一七秒で標高四八六メートルの「白山」という白肌岩山、のいずれかか〕という表現になっている。なお、「ダンノダイラ」と呼ばれる台地の祭祀遺跡は②の東、奥不動寺の東北、巻向山頂からは東南に位置し、巨大な磐座や天壇跡らしい土盛りがあるとされる〕。

伊勢の神島は、有名な太陽信仰の島であり、島内の八代神社の「ゲーター祭り」〔元旦の未明に、太陽をかたどった直径二メートル程の白い輪を島中の男たちが長い竹で刺し上げ、落とすという神事。太陽の復活再生を願うともいう。起源が南北朝時代ともいうが、更に古いか〕でも、三島由紀夫の小説『潮騒』の舞台としても有名である。こうした諸事情から、纏向遺跡も太陽の道を意識して造られたという見方も出される。

箸墓古墳から逆に真西の方面を見ると、ほぼ一直線上に多神社の北側〔田原本町満田の菅原神社〕、日大御《ひのおおみ》神社などを経て穴虫峠〔二上山の北側の峠〕につながり、河内に入って日置荘・萩原天神を経て、更に遠く淡路島の伊勢久留間《くるま》神社〔兵庫県淡路市久留麻〔旧津名郡東浦町〕。祭神は大日孁貴尊〕あたりまで達する。多神社〔多坐弥

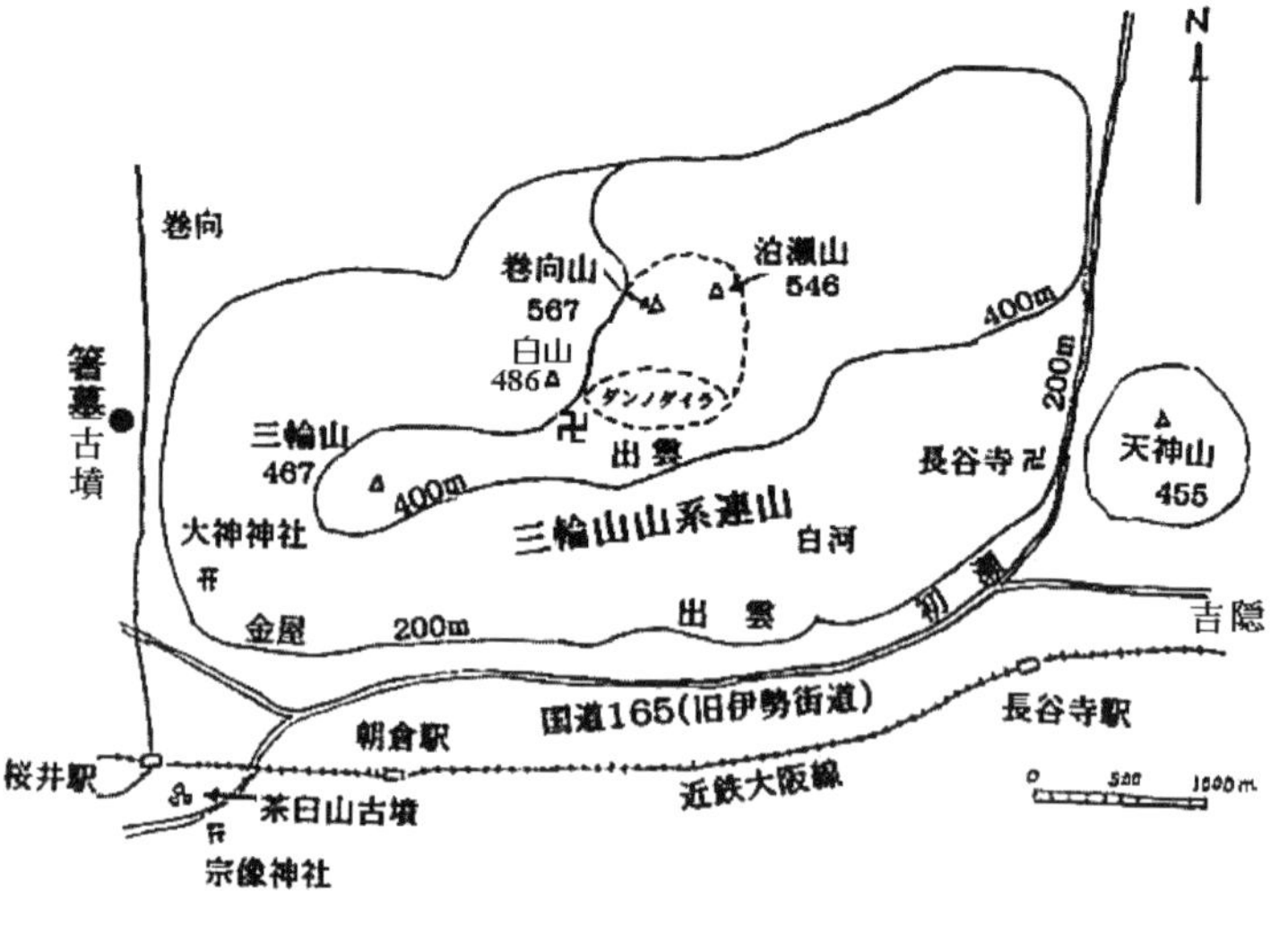

三輪山とダンノダイラの周辺図（栄長増文著『大和出雲の新発現』より）

志理都比古神社。北緯三四度三二分九秒で、三輪山の真西に近い）は神武天皇の皇子・神八井耳《かむやいみみ》命から出た古代大族の多臣氏が奉斎した神社であり、上記の地理的位置から見て、太陽神祭祀に関与したとも考えられる（「笠縫邑」の比定地を多神社やその摂社の姫皇子命神社の辺りとみる見方もあるが、疑問）。その付近の満田は茨田《まんだ》とも書き、多臣支族の茨田連の起源と関係しよう。

このように、天孫族の祭祀としては巻向山のほうが重視される。日大御神社は天照皇大神《あまてらすこうたい》社（北葛城郡広陵町平尾。旧村社）ともいい、西南近隣の式内社・於《うえ》神社（広陵町大塚）とともに、天照皇大神を祀る。河内国丹比郡日置荘の萩原天神（現・萩原神社で、堺市東区日置荘原寺町）の奉仕者は、日置西村大庄屋の日置氏吉村家（系譜的にいうと、忌部同族の日置部氏。『姓氏録』和泉未定雑姓の日置部条に「天櫛玉命の男、天櫛耳命の後」との記事）だと伝える。

纒向遺跡付近の太田の微高地の雑木林には、古社の春日大明神（城上郡式内の他田坐天照御魂神社。巻向駅の西北西約三百メートル弱で、太田集落の東北部の小字堂久保に位置）があり、天照御魂神社と刻まれた石もある。当神社あたりの地（神社は数度、近隣を遷座）から見ると日の出は春分・秋分は巻向山頂上あたりで、日読みの地だったとの指摘は、先に触れた。

王権祭祀として、大王家の祖神を祀らないことはありえないから、そうした痕跡のない三輪山を対象にして王権による祭祀がなされたとは考えられない。崇神以降の纒向三代の王権にあっては、支族に穴師山祭祀を担わせるとともに、三輪山より高く奈良盆地東南部の山では最高峰で、かつ、いわゆる「太陽の道」の線上にある現巻向山をも祭祀対象として、この山から流れ出る纒向川沿岸の高台の地において、王族の女性に祭祀させたと考えられる。これが、「笠縫邑」での祭祀で、その地が桧原神社辺りという比定（『奈良県の地名』）で、ほぼ妥当であろう（その変遷もあったか）。桧原丘陵には全体に土師器や祝部土器細片が散布しており、古くからの霊地であった。「笠縫邑」から伊勢の伊勢斎宮跡（斎王宮址）への真東に向かうという移動も、太陽神信仰の観点からみて地理的に自然である。

王権による太陽神祭祀の範囲

小川氏の上記指摘があって、「太陽の道」（レイ・ライン）は注目された。これをうけ、ＮＨＫテレビでは水谷慶一氏が取り上げて紹介し（一九八〇年二月に放映）、水谷氏は『知られざる古代』という著書まで刊行される（趣旨・内容は小川氏と若干異なる）。インターネット上でも、太陽の道に関するＨＰ（「太陽の道を検証する」など）もある。

伊勢の斎宮跡から淡路島までは一五〇キロほどもあるが、古代遺跡や太陽神関係の神社が東西一直線に太陽の道といわれる北緯線上に並び、そこに岩石祭祀も見られるとの指摘がある。淡路島東岸の伊勢久留間神社辺りを更に延長すると、同島山中の舟木石上の巨石祭祀遺跡（舟木石神座の磐座群。淡路市舟木五一四で、北緯三四度三二分二七秒）にもつきあたる。

このレイ・ラインは箸墓古墳を中心とし、東の鳥羽市の伊勢神島から西の淡路島の舟木遺跡まで東西二百キロに及ぶが、どこまで評価できるのだろうか。上古の王権祭祀との関係を考えると、纏向時代の王権とは関係なさそうな社寺は外しておく必要があろう。例えば、室生寺、長谷寺や中臣氏族の祭祀に係る大鳥神社を祭祀主要地にあげることに問題がある。また、箸墓・桧原神社のラインから緯度が少しはずれる三輪山は、三輪氏の奉斎にかかり、大王家の祖神を祀らないから、祭祀主要地に入れないほうがよい。伊勢神島から淡路島までという長さも当時の測量技術力からして、やや無理がありそうでもある。

だから、「太陽の道」祭祀の意味するものも、まず奈良盆地を中心に考え、東の巻向山から「桧原神社—箸墓—穴虫峠」という範囲がとらえられる。次ぎに、穴虫峠から河内の日置荘萩原天神までは、太陽神祭祀に関係しそうな忌部支族の日置部が関係したとすると（井上辰雄氏は、日置部を「日神信仰の部民」とする）、その測量能力によって東方へも巻向山から伊勢斎宮跡へ伸びるのはありえよう。伊勢神宮の創祀時期が雄略朝だと考えると、この太陽神祭祀は、四世紀前半頃の纏向王権の時代にあっては大和盆地の範囲と考えられる。これが穏当なところであろう。伊勢神島の八代神社が所蔵する神宝のなかに一面ある画文帯同向式神獣鏡が伊勢湾周辺に集中して分布し、多気郡明和町の神前山一号墳からも出土するが、それらが古くても五世紀後半の雄略朝頃の配布なら、纏向王権とは関係がない。

伊勢にも一志郡に日置郷（『和名抄』。現在の津市の一志町日置とかその雲出川北岸の同市戸木町あたりで、斎宮跡の北西二十キロ超ほど）があり、日置部の居住が知られる。伊勢の日置部の人々は多気郡や一志郡に古代・中世にかなり見え、伊賀や志摩にも日置氏があった。天暦七年（九五三）の「伊勢近《きん》長谷《ちょうこく》寺資財帳」には、伊勢国多気郡相可郷の治田を日置伯雄や日置貴子らが近長谷寺に施入や売却をしている。斎宮跡は多気郡竹郷にあったとされ、多気郡多気町には、日置田に通じる四疋田、三疋田などの地名が相可に隣接して存在する。これらの地は櫛田川の中流域にあるが、そこからやや下流のところで祓川《はらいがわ》（櫛田川河道の元の本道）に分流し、その祓川の下流にあるのが斎宮跡となる。

ともあれ、こうした太陽神祭祀に忌部氏族が関与し、大和穴師の巻向神主（穴師神主）や河内丹比の日置部が一端を担った模様であることも興味深い。忌部氏の系図（「斎部宿祢本系帳」や中田憲信編「織田系譜」、『考古類纂』第七集所収）によると、葉耳命が垂仁天皇の御宇に日置部として供奉したと見えるから、この日置部が大和盆地や河内あたりまでの設計をしたことも考えられる。『姓氏録』で和泉神別にあげる穴師神主は古狭麻豆知命《こさまづち》（小狭槌命）を祖としており、この者は葉耳命の兄ないし父とみられるから、これら両者が大和での太陽神祭祀の関係者とされそうである。『書紀』では垂仁三九年十月条に十個の品部をおいたとあり、そのなかに日置部もあげられるが、これを否定することもなかろう。『尾張国風土記』逸文の吾縵《あづら》郷の項には、巻向珠城宮御宇（垂仁朝）に日置部らが祖、建岡君が美濃の花鹿山に来たという記事が見える。

巻向山の東南麓の白河《しらが》あたりは、式内社に比定されるという城上郡の曳田神社（秉田神社）の鎮座地で辟田郷となる。「曳田、辟田」が引田・日置田であれば、太陽神祭祀に関係しそうな上記「巻向山頂南方台地」が現在の桜井市大字白河かその西隣の大字出雲の地域に包含されることと符合する。曳田神社の地は字神山といい、巻向山の東南麓に位置するが、巻向山ないしその付近の地を祭祀して日置田神社と呼ばれたことに由来したか。巻向山頂から曳田神社を結ぶ線のほぼ上に、上記「南方台地」が位置するが、それは、穴師の斎槻岳（穴師山）と白河の曳田神社とを結ぶ線上に「巻向山頂南方台地」があると小川氏が言うことにも通じる。

崇神王統の大王家が四世紀末に応神王統にとって替わられ、天孫族の祖神・天照大神（あるいは始祖神の五十猛神）の祭祀の場の伊勢移遷に応じて、桧原神社（日原社）の祭祀対象も、巻向山から三輪山へ変わったのではなかろうか。いま桧原神社は大神神社の北端の摂社とされるが、古くから社頭規模などが大神本社に準拠というから、そうした摂社の位置づけか本来かどうかは分からない。同社の祭祀はいつの頃か三輪支族の大賀茂氏が神主として担ったというから、これも祭祀内容

桧原神社の三ツ鳥居

に影響したか。大神神社同様、拝殿しかもたない同社は、その拝殿も享保十九年（一七三四）、あるいは寛政年間の台風により倒壊したと伝えて長い間、再建されていない（現状は「三ツ鳥居」があるだけ）。現在考えられている桧原神社の祭祀形態は、上古のものと変化した可能性があろう。

大物主神の性格—とくに征夷と外征の神

大物主神という神の性格が、疫病などの祟り神や竜蛇神（雷神、水神・祈雨神）のほかに、高皇産霊尊（の子孫）の女を妻として皇孫の奉護という性格もあった、と『書紀』神代紀の葦原中国平定記事に見える（その一書第二には、大物主神・事代主神が高天原に服属したときに高皇産霊尊の娘・三穂津姫を妻に迎えたと見えるが、三穂津姫の夫については大物主神とする説〔奈良県の村屋神社〕と大国主神とする説〔京都府亀岡市の出雲大神宮〕がある。ともあれ、この妻神が天稚彦の娘、少彦名神の姉妹なのだろう）。先に見た三輪氏の氏人たちの多くが天皇のそば近くに仕えたこととも関係しよう。また、大物主神が我を祀れば、国内は平和になり、海外の国も帰服するという託宣もあって、異俗である蝦夷鎮定の神としても、また海外交渉の守り神としても機能したのが三輪山祭祀である。

三輪氏一族が海外交渉に多く従事したことは先に触れたが、蝦夷との関係で言えば、景行紀五一年条に見える日本武尊が捕虜とした蝦夷を御諸山の傍に置いたこととも関係する。『書紀』では、当初、「神宮」に蝦夷を献上したが、煩く騒ぐので朝廷に進上されて、御諸山に連れてこられたと見える。当時、伊勢には皇太神宮はまだ設置されていないから（伊勢設置の時期は早くとも雄略朝とみられる）、倭姫が祭祀した場所がそもそも御諸山周辺だとみられる。蝦夷たちが御諸山の樹木を伐ったり大声で叫んだりするということで、播磨・讃岐など五国に更に分配されて、これら国々の佐伯部ができたと伝える。

関連して言えば、仁徳紀に見える上毛野君田道《たぢ》の伝承も考慮される。田道ははじめ韓地で新羅との戦に活躍したが、蝦夷が背いたときにも討伐させたものの、伊峙《いじ》の水門（比定地不明も、陸奥の石巻あたりかともいう）で敗死した。蝦夷がまた来襲したときに田道の墓を掘ったところ、なかに大蛇がいて蝦夷に襲いかかったので、蝦夷は蛇毒でその多くが死んだ、と伝える。志田諄一氏は、この伝承が大物主神に結びつく要素をもつという。

その後、雄略紀二三年条には、征新羅将軍の吉備臣尾代《おしろ》が率いた五百の蝦夷が天皇崩御の報を聞き叛乱を起こしたので、尾代は「弓弦の擬声」を用いて蝦夷を鎮圧したと見える。この後の舒明紀九年条にも、上毛野君形名の妻が弓弦の擬声を出して蝦夷をおおいに敗ったと見える。志田氏は、「吉備氏も上毛野氏も大物主神とは結びつきが強く、弓弦の擬声で蝦夷を敗ったというのは、大物主神の霊験を示している」と指摘する（「三輪君」）。それもそのはずで、吉備・上毛野両氏はともに三輪氏近縁の庶流同族であった。実際には皇別の氏ではなく、磯城県主支流から出た海神族の一派で（後述）、田道はまさに大物主神の血筋であった。吉備地方にも毛野地方にも、ともに式内社の大神神社が鎮座する。

さらに、敏達十年条には、蝦夷が辺境で争乱を起こしたとき、大和に召された蝦夷の首領の綾糟《あやかす》らが泊瀬川の中流におりて禊《みそぎ》をし、三諸岳に向かって服従を誓ったと見える。

外征の神としては、筑前国夜須郡の式内社、於保奈牟智《おおなむち》神社の役割も考えられる。同社は、福岡県朝倉郡筑前町（旧三輪町）弥永《いやなが》に鎮座する大己貴神社に比定され、その創祀伝承が『書紀』（神功皇后摂政前紀）に見える。それによると、仲哀天皇九年秋九月、諸国に令して船舶を集め、兵を練ろうとした時に軍卒が集り難かったので、必ず神の御心ならんと神功皇后が言って、この地に大三輪社を立てて刀矛を奉納したところ、軍士が自ずと聚まった（それが、その後の韓地外征の成功につながった）。仲哀崩御の記事からして、このときに神功皇后のお側にあった三輪氏の大友主が関与したのは当然であろう（「児島系図」には、大友主が筑紫で大物主神を祭るとの記事がある）。同国糟屋郡和白付近にも大神神社があり（福岡市東区高見台）、香椎宮北方近隣にあることから神功皇后の軍卒招集伝承は、こちらの神社のほうだともいうが、同社は糟屋郡式内社とはされていない。

『新抄格勅符』の神封部による平城天皇大同元年牒には、筑前国で神封があるのは僅か四社で、宗像神七四戸、大神神六二戸、住吉神三六戸、阿曇神八戸となっている。この大三輪社が宗像社につぐ屈指の古名社であったと分かる。これも、外交外征に大三輪神が重要な役割を果たしたことを推測させる（阿部武彦氏の「大神（大三輪）氏と当社」）。

奈良時代になるが、天平九年（七三七）四月になって新羅の無礼に関してその対応に国論が割れたときにも、幣を奉じて主要社に対しその有様が奉告された。そのとき、伊勢神宮、大神社、筑紫住吉、八幡二社及び香椎宮に対して使いが出されている。

巨石祭祀とその担い手

大神神社の祭祀は特色がなかなか多い。例えば、三輪山を神体山として本殿（神殿）をもたないとか、古くは全山が禁足地であったこと、三輪山頂から麓まで大きく三つの磐座群（山頂の奥津（大物主命）、中津（大己貴命）、辺津（少彦名命）の磐座）があること、独特な形をした「三ツ鳥居」が拝殿と神体山との間にあること（拝殿などとともに国指定の重文）、などが特徴としてあげられる。

三輪氏は、おそらく大国主神・事代主神（大物主神）という二代にわたり、天孫族の一派、少彦名神一族たる鴨族から妻神を納れており、それが櫛御方命・姫蹈鞴五十鈴姫兄妹の血に入っていた。事代主神の母が神屋楯比売命と伝えられ、素性が不明であるが、おそらく三穂津姫と同人であろう（各地のミホ神社に事代主神が祀られる事情もある）。

「神屋楯」の意義については、「神屋（神の籠る屋）＋楯（神殿を守るために立てられた盾、垣）」とする説もあるが、当時の命名として見れば、「神＋屋楯（矢と盾）」とする説のほうが自然である。そうであれば、弓矢の神たる少彦名神の又名、天日鷲翔矢命の姉妹にふさわしい（その場合、神屋楯比売の母は大己貴神の娘・高照姫かもしれないし、こうなると三輪族と鴨族とが三世代連続での通婚ともなる）。

三穂津姫は、大和では城下郡式内の村屋坐弥冨都比売《みほつひめ》神社（磯城郡田原本町蔵堂）で祀られる。同社は「神社明細帳」に祭神が三穂津姫命・大物主命と記され（『大和志料』）、大神神社の別宮ともされて、神主家の森本氏は大神姓を称した。その境内社には少彦名神関連の服部神社、事代主神を祀る久須々美神社（ともに城下郡の式内社）や宗像女神を祀る市杵島姫神社もある。

だから、三輪山や大神神社の祭祀においても、大物主神の後裔氏族ばかりではなく、母系の少彦名神一族の祭祀がかなり入っている。具体的に大神神社の摂末社でいうと、貴船神社、桧原神社、神宝社、金比羅社、玉列社、金山彦社や磐座神社などがそうした関係の祭祀であろう。添上郡（奈良市）にある摂社率川《いざがわ》神社の境内社、率川阿波神社（式内社）も、現在は祭神を事代主神とするが、原型は少彦名神ではないかとみられる。

大黒谷の磐座神社は社殿を持たず、岩を神体として祀っており、その祭神が少彦名神とされる。清寧天皇のときに後継の皇子がなかったので、この解消を祈念して、神の教えにより少彦名神を辺津磐座に祀ったところ、オケ・ヲケ両皇子（仁賢・顕宗）を播磨で探せたとある。これが辺津磐座祭祀の起源というが、これら三磐座のほかにも、大神神社では顕著な磐座状の巨岩の存在し、山中から山麓にかけての多くの祭祀遺物出土地もある。三輪氏同族の奉斎する神社には、信濃の諏訪大社や播磨の伊和神社などでも巨石祭祀が見られるが、この祭祀は鴨族など少彦名神後裔氏族のほうにむしろ多く見られる。

酒と医薬の神

「味酒《うまさけ》」が『万葉集』の歌などで「三輪」の掛かり詞とされるように、酒造りの神様として大神神社は全国に知られ、酒造家たちの厚い信仰を集めてきた。その由来は、『書紀』崇神八年十二月条に見えて、天皇が大田田根子をして大神を祀らしめた日に、先に大神の酒掌《さかびと》とした高橋邑の活日《いくひ》が自ら神酒をささげて天皇に献上した。このとき、この神酒は「倭なす大物主の醸みし神酒」という歌が詠まれたことに因る。『播磨国風土記』には、宍禾郡の庭音村条及び伊和村条に大神が酒を醸したことや、賀毛《かも》郡下鴨里条にも、大汝命が碓を造って稲を搗いた処は碓居谷とよび、酒を造った処は酒屋谷とよぶと見える。この「大汝命」が播磨の伊和神とも大和の大物主神とも受けとられそうだが（同神でよいか）、針間鴨国造が毛野支族の出であるから、これらの一族神とされよう。

大神神社では酒の二大神とされる大物主神と少彦名神を祀り、さらに本殿北側にある活日神社（一夜酒社）には、上記の由来で杜氏の祖といわれる「高橋活日」を祀る。毎年、十一月十四日には「酒まつり」（新酒醸造の安全祈願の大祭）が執り行われ、三月上旬には完醸祭もあって、全国の酒造家や杜氏たちが醸造の安全祈願にやってくる。

酒造りの「活日」の素性は、『書紀』では記されない。『姓氏録』山城神別・神宮部造条には崇神朝に吉足日《えたらひ》命が大物主神を祀って災害を止ませたという、それを示唆する記事がある。鈴木真年は何に拠ってか不明であるが、この神宮部造の記事の「吉足日命」が活日と同人だとして、『日本事物原始』の「醸酒」の項に記述する。そこでは、活日は葛城の猪石岡に天降りした神、天破豆智《はっち》命の六世孫で、醸酒の功を賞して宮能売《みやのめ》神たるべしと宮能売公という姓（称号のことか）を賜り、後になって（『姓氏録』の記事では庚午年籍の時に）、神宮部造と改めた、とする。更に、「三輪」とは酒を瓶に盛ることをいい、この酒瓶を満山に掘り据えて祀るので、それがついには山の名となった、「宮能売」とは豊宇気神（豊受大神のことで食糧神）の又の名であり、稲の気をもって酒を醸すものである、と記される。酒のもとを「実醪《みもろ》」とも「もろみ」ともいう事情もある。

天破豆智命とは、天羽槌命（天羽雷雄命、鴨玉依彦）のことである。少彦名神の子で、葛城国造・鴨県主や倭文連等の祖でもあって、活日は酒の神の流れを引いていた。天破豆智命の六世孫という世代を考えると、これは時期が崇神朝になるから、「吉足日命＝活日」としてよさそうである（『大三輪鎮座次第』には、吉足日を孝昭朝の人とするが、訛伝か）。

酒の神様として知られる松尾大社（京都市西京区嵐山宮町）も、祭神の大山咋《おおやまくい》神が弓矢の神（『記』

には鳴り鏑の矢を持つ神）としても知られるが、これも実体が少彦名神であった。要は、三輪が酒神といっても、少彦名神の影響のほうが強い。『書紀』には、神功皇后が太子の応神に対して杯を捧げて、この酒は「神酒の司で常世に坐す…少御神の……奉《まつ》り来し御酒ぞ、涸《あ》さず飲《ほ》せ」と勧める歌を詠んだと見える（神功皇后摂政紀十三年条）。『弘仁私記』でも「少彦名神、是造酒神也」と記す。これら諸事情と符合して、大神一族諸氏には、酒部・酒人部が殆ど見えない（『姓氏録』逸文の「賀茂朝臣本系」に見える鴨君一族の「酒人君」くらいである。なお、実質が磯城県主支流の彦坐王系統には酒人造・日下部酒人連が見える）。

大己貴神・少彦名神の両神が「薬方神」ともされるが（『神道大辞典』及び『文徳実録』斉衡三年条）、これについては内容を簡略に記す。

医薬神の性格は、疫病神の裏返しともいえよう。大神神社と摂社の狭井《さい》神社（大神荒魂を祀る社）では、大田田根子が悪疫流行を鎮めた故事に因んで、現在も「鎮花《はなしずめ》祭」が行われており、この祭事は『令義解』にも記事がある。狭井神社は薬事業者の信仰が厚く、境内には万病に効くという「薬井」という霊泉もある。大己貴・少彦名両神は、医薬の神として温泉神ともされる。大己貴神は少彦名神の病気を治

鎮花祭。スイカズラ（忍冬）とユリ根が供えられ、「くすり祭り」とも呼ばれる

そうとして、豊後の速見の湯（別府温泉）を伊予に樋（この場合は地下の水道か）で引いてきたのが伊予の温泉（道後温泉）の初めだと伝える（『伊予国風土記』温泉条）。

『大同類聚方』には、大神神社の神伝の薬には、大神薬・花鎮薬・三諸薬の三種をあげ、その効能・調製法が記載される。貞観二年（八六〇）十二月には内薬正の大神朝臣虎主の卒去記事が『三代実録』に見える。その本姓が神直で大田田根子の後裔であり、幼いときから優秀で医道、針薬術を学んで深奥を究め、承和二年（八三五）に左近衛医師になり、侍医にうつり、備後掾などを兼ね、最終官位は従五位下行内薬正だと見える。物部広泉・菅原峯嗣らとともに、『金蘭方』五〇巻を編纂した。大神朝臣への改賜姓は、斉衡元年（八五四）に一族の神直木並・己井らとともになされた（『文徳実録』）。

三輪氏同族の狛人野氏からも医者が出ており、『三代実録』元慶元年（八七七）十二月条には、山城国相楽郡人の侍医狛人野宮成が本居を改めて右京五条に貫隷すと見える。相楽郡には大狛・下狛の郷名が見えるが、太田博士は本来、高麗族かとも疑う。

五　長髄彦と磯城県主の系譜

時代をまた人代に戻して、西暦二世紀の後葉に筑前国怡土郡あたりに居た神武は、当地九州北部の怡土王家の一族であったが、王位からは遠い庶子の位置なので、新天地を求めて兄とともに畿内への東遷を試み、大和に侵攻した（これは「邪馬台国東遷」ではないし、そもそも邪馬台国の東遷なぞ、史実になかった。この関係の詳細は、拙著『「神武東征」の原像』を参照されたい）。この時にその抵抗勢力の主体となったのが長髄彦《ながすねひこ》だと記紀に見える。ここでは、抵抗側の大和に残った一族及び東国等に逃れたという伝承をもつ一族を見ていく。

長髄彦の抗戦

長髄彦は、大和地方での神武最大の敵対勢力だと記紀の双方に見える。この者については、荒唐無稽な偽書『東日流《つがる》外三郡誌』などの影響もあってか、日本列島の原住民（土蜘蛛、蝦夷など）の流れとか、様々な誤解が一般に横行している。実際には、神武天皇創基の大和朝廷に先立つ「原大和国家」における有力族長（ないし君長）の地位にあった。これがたんなる「賊魁」とはいえないことに十分留意したい。

長髄彦の素性についてまず見ると、登美の那賀須泥毘古《ながすねびこ》、登美毘古（『記』の表記）とも記される。「長髄」とは、神武即位前紀にも記すように、居住する「邑の本の号」であり、これを以て人の名としたものである。神武のイワレヒコ（磐余彦）と同様に、ある地域の首長・君長としての呼称であり、「髄（脛）が長い」という意味での身体的な特徴を呼んだものではない。そのことは、妹（饒速日命の妃神）の名が長髄媛、三炊屋媛《みかしぎや》とも鳥見屋媛とも記されることに対応する。

記紀は長髄彦の出自をなんら記さないが、鈴木真年翁は、「醜類ニ非ス」として、「大和国城上郡登美ノ人、長髄モ同所ノ邑名、飛鳥事代主神ノ子」と記される（『史略名称訓義』）。丹後宮津藩主本荘氏の系譜『本荘家譜』には、物部の祖・饒速日命の子の汙麻斯麻尼《うましまに》足尼命（ウマシマチのこと）の右註に「母飛鳥大神之女、登美夜毘売」と記される。長髄彦は事代主神（ここでは飛鳥大神に当てられる）の子で、磯城の三輪氏一族の族長というのが真年の把握であり、早くに太田亮博士も、「磯城彦は即ち三輪氏に外ならず」と指摘する。

その本拠については、既に河内の草香邑の白肩津に着いた神武軍を孔舎衙《くさか》坂で迎え撃ったから、それに近い旧添下郡鳥見郷（現生駒市北部・奈良市富雄地方）付近とする見方がある。上記出自から考えると、桜井市付近という真年説でもよさそうだが、物部氏族との提携を考えると、添下郡のほうに傾く。大和国には鳥見（登美）という地が二か所、城上郡と添下郡にあり、本拠がどちらかはともかく、両方の地とも広く長髄彦の勢力範囲であったろう。長髄彦は、自らの妹の登美夜毘売（三炊屋媛）を饒速日命の妻とし、これを主君として仕えたと伝えており、饒速日命は、神武侵攻の前に天磐舟で河内の哮峰（生駒山か）に天降りをし、その後に移遷して大和の鳥見の白庭山（添下郡か）に居たという。

登弥神社（奈良市石木町）

等弥神社（桜井市桜井）

神武軍は、八十梟帥《たける》や兄磯城を討った後に、長髄彦と再び戦うことになる。兄磯城の居地が磯城地方だとすると、順序からして添下郡のほうが長髄彦の本拠だったか。神武に対しては、饒速日命に仕える由縁を長髄彦が述べ、その君が天つ神の子という証拠を示して、神武もこれを認め、神武もまた天つ神の子である証拠を見せたので、長髄彦は恐れ畏まったが、敵対する気持ちが変わらなかっので、両者の仲だちが無理だと知った饒速日命は長髄彦を殺害し、神武軍に降服したという。このときの「饒速日命」とは、実際には、「天孫本紀」にいうように、既にその子の可美真手命の時代となっていた。

初期大王の后妃を輩出した磯城県主家一族

神武の大和侵攻のとき、大和には原住の敵対勢力が大小、多くあったが、そのなかでも長髄彦に次ぐような有力者として磯城彦兄弟があげられる。長髄彦に呼応して神武軍に抵抗した兄磯城・弟磯城兄弟も、その一族近親にあたり、磯城郡の居住地にも対応する名である。このとき、磯城彦に対して神武側から投降をうながす使者となったのは頭八咫烏《やたがらす》であり、磯城彦の母方の従兄弟にあたる（ヤタガラスは、動物ではなく、本件では鳥類に形象化された者・生玉兄彦のこと。鴨玉依彦の子で鴨県主の祖）。

兄磯城のほうはこの侵攻に抵抗したことで、倭国造の祖・珍彦《うずひこ》の計略が奏功して斬られたものの、弟磯城（名は黒速）は神武軍に降服、恭順し、神武創業がなって神日本磐余彦として大王となった後の論功行賞で磯城県主に任じられた（神武紀）。この者が「地祇本紀」等に見える建御方命にあたり、三輪氏の系図には天日方奇日方命《くしひかた》（又の名を鴨主命といい、三輪君・鴨君の遠祖）と記される。

当時の人名が、実名のほか、いくつもの通称をもっ

志貴御県神社（桜井市金屋）

ていて、所伝を伝える氏族により名前が異なることに留意されるが、これは後世に名前が造作された故ではない。兄磯城のほうの実名等は不明である。その妹が神武天皇の皇后となった媛蹈鞴《たたら》五十鈴媛命（伊須気余理《いすけより》比売）であり、事代主神の娘とされる（『書紀』の一書）。

磯城の三輪氏族が主体をなした「原大和国家」の基礎は、博多海岸部から出雲西部を経て大和の三輪山麓への東遷により築かれた。これは、二世紀前葉ないし半ば頃の大物主命（櫛甕玉命）による大和移遷であるが、それ以来ほぼ三十～五十年にわたり、同人（ないしその子）に相当する事代主命（玉櫛彦命）、次ぎにその弟の長髄彦（八現津彦命）、と竜蛇信仰をもつ海神族系統部族の君長が続いた。このように、長髄彦を一介の賊酋や土蜘蛛の類だと考えるべきではない。長髄彦の「長」は蛇を意味する「ナーガ」（インド神話に見える竜蛇神）にあたるが、「スネ」はスワ（諏訪）にも関係するものか（後述）。畑井弘氏も、長髄彦を非実在としながらも、「銅鐸祭祀の蛇神族の魁師」とみる（『物部氏の伝承』）。

弟磯城たる建御方命の妹は神武の后妃となった。これは、磯城県主一族が当時の大和第一の大族であったとともに、その本宗に当たる筑前の海神国（『魏志倭人伝』の奴国）王家から豊玉姫・玉依姫姉妹が天孫族の山幸彦・火遠理《ほおり》命の后妃となって神武らを生んだという先立つ事情もあった（神武の実父は彦波瀲《なぎさ》尊ではない）。『書紀』本文によると、神武は事代主神之大女（姉娘）の媛蹈鞴五十鈴媛を正妃に迎えて、第二代天皇となった綏靖《すいぜい》天皇（神渟名川耳《ぬなかわみみ》）を生み、綏靖は事代主神之少女（妹娘）の五十鈴依媛を后に迎えて、第三代天皇となった安寧天皇（磯城津彦玉手看《たまてみ》）を生み、さらに安寧は事代主神孫、鴨主の女の渟名底《ぬなそこ》仲媛を后に迎えて、第四代天皇となった懿徳《いとく》天皇（大日本彦耜友《すきとも》）を生んだと記されており、第二～四代という三人の天皇の母が事代主神の血筋だと明記する。

これら所伝は、『書紀』割注の一書及び『古事記』で母の名が異なるが、磯城（師木）県主家から出たことにほとんど異伝がない（『書紀』割注の一書には春日県主家なども見える）。これらが史実としたら、古代東北アジアの匈奴が后妃を特定の異姓氏族（呼衍《こえん》、須卜、蘭、丘林など）の出の者に定めていたこと（江上波夫著『騎馬民族国家』）と通じる。

『書紀』割注一書及び『古事記』では磯城県主氏で后妃の出自が見えるが、世代的に黒速の子とみられる磯城県主波延《はえ》（葉江）の娘や波延の弟の猪手の娘など、一族の娘たちが懿徳天皇の以降も次々に第八代孝霊までの歴代天皇の后妃になったと記される。割注一書には記事に若干の混乱があるが、磯城県主家及び一族の十市県主家は、初期大王家の外戚として、当時は最大の天皇家支持層となっていた。

この后妃関係の系譜から考えると、神武が行った姉妹婚が甥・叔母の異世代婚に変型している例が見られる。すなわち、媛蹈鞴五十鈴媛・五十鈴依媛の姉妹が共に神武の后妃となって、各々が綏靖、安寧を生んだとみられ（安寧の父が神武ということ）、これが世代的にも対応する。この姉の名が伊須気依媛とも見えるので、実は妹とされる五十鈴依媛と同一人という可能性も考えられる。これら通婚・系譜関係を通じて、神武と崇神との間に入る世代数も直系の八代ではなく、実際には世代がより少なかったことも示唆される。

割注一書には葉江の娘が第三代安寧、第五代孝昭、第六代孝安の后妃として見えるが、このなかには葉江の直子ではなく、葉江の子孫についても、「女（娘）」として記されている可能性もあろう。「女」と「妹」との記事混乱もありそうである。第五代天皇以降では、『旧事本紀』の「天皇本紀」と対比すると、同書では第八代孝元の母が磯城県主大目の女と見えて、これが磯城県主家関係の最後の后妃となる。この第八代大王のころから、大王家の通婚範囲が氏族的にも地域的にもかなり拡がり出しており、それとともに、磯城県主一族のほうでも男系が断絶気味になっていたことが考えられる。

ちなみに、初代の神武から第十代とされる崇神天皇までの間の八代の天皇について、記紀の治績記事がないことを理由に「闕史八代」と呼び、その実在性を否定する論調がいまだ強い。この立場からは、闕史八代の后妃を出した磯城県主の系譜を後世の造作とするが、直木孝次郎氏などの論拠（「県主と古代の天皇」等）には疑問が大きい。この時期の事件として、綏靖即位のときの庶兄・手研耳《たぎしみみ》命の討伐なども伝えられており、決して「闕史」ではないし、また、論拠の基礎にある日本列島における漢字使用時期や古代氏族の系譜についても大きな誤解がある。もちろん、「神武＝崇神」ではないことは、各々の周辺にいる人物たちが完全に違うことで明確である。こうした合理的ではない史料切捨て論が上古史における史実原型探究の大きな障害になってきた。

「粟鹿大神元記」に見える磯城県主

磯城県主の系図については、九条家秘庫から出たという『粟鹿《あわが》大神元記』なる史料に記される「粟鹿神部系図」（以下、「粟鹿系図」と略記する）も参考になる。是沢恭三氏により紹介された同系図は、その信憑性については不明であり、是沢氏の紹介本には様々な混乱・誤記、名前のズレ・重複や疑問もあって難解である。総じて言えば、上記「地祇本紀」や『古事記』と通じるような内容をもつ系図である。同書に見える太田田祢古命の後では、その子の太多彦命が但馬国朝来郡粟鹿村（兵庫県朝来市山東町粟鹿）に来住したという。その後の神部直氏については後ろで検討するが、ここでは先ず太田田祢古命より前の段階について見てみる（系譜検討は煩わしい面もあるので、この部分は多少我慢して読み流していただきたい）。同書は宮内庁書陵部にも写本があり、竪系図のない、文章記事だけの書陵部本のほうが良本とみる見方もあるが、こちらにも誤記・重複などの混乱があって、必ずしも良本とは言い切れず、九条家本のほうが元本に近そうであり（是沢、鈴木正信両氏の見解に同じ）、両方を対照しながら検討した方が良い。

さて、同書の系図は、素佐乃乎命から始まり、その五世孫（『記』所載の前掲系譜のうち深淵之水夜礼花神を欠く形）に大国主命を置き、その一名に大物主、辞代主命などをあげて、子に阿米弥佐利《あめみさり》命（粟鹿太社に坐）、姫蹈鞴五十鈴姫・五十鈴姫姉妹や久斯比賀多命をあげる。久斯比賀多命が三輪氏の祖・櫛御方命にあたり、その子に阿麻能比賀大《あまのひかた》命・渟中底仲姫（「大和氏文」に太祁《たけ》知遅若命と見えるのは兄の記事か。傍線部は誤記部分の是正後の表記案で、以下も同じ）をあげ、前者が「意富多弊良姫」（多氏の娘か）を娶って櫛瓶戸《くしみかと》命（名は二様に記されるが、その共通の上三文字を記した。「大和氏文」に太祁弥賀乃保命と見える）を生み、更にその子に多祁伊比賀都命を置くが、櫛瓶戸命と多祁伊比賀都《たけいいかつ》命（建飯肩巣命、建飯勝命）との親子関係は疑問であり、多祁伊比賀都命は実際には櫛御方命の子とされる。その間に入る阿麻能比賀大命（建知遅若命）・櫛瓶戸命（建瓶乃保命）は、磯城県主家の人とみられるが、櫛瓶戸命の別名にあげられる「建瓶乃保《たけみかのお》命」は、「地祇本紀」に健飯勝命の子に見える健甕尻命（又名が健甕之尾命）にあたりそうだから、混乱が見られる。

多祁伊比賀都命の「亦名が武瓶曽々利命、亦名が「大和氏文」に阿太賀多須命、次に伊比加多須命」と「粟鹿系図」に見えるが、ここの「亦名」は「その子」（櫛瓶戸命の子）と置き換える必要がありそうである。「武瓶曽々利命」の位置づけは、櫛瓶戸命の子と一応、解しておく。ここで傍系に移るように記事があるのは、磯城県主本宗が絶えた故か。

「地祇本紀」では豊御気主命の子に大御気主命、その子に阿田賀田須命・健飯賀田須命兄弟と続く形であげる。一方、「粟鹿系図」では武瓶曽々利命の子に阿太賀多須命・伊比加多須命を置くと解されるから、大御気主命一代が欠けるが、当時の他の諸豪族の世代と比べると一代欠落のほうが妥当であろう（そうすると、その場合は「豊御気主命＝大御気主命」で両者が同人となる）。「粟鹿系図」ではもう一か所、この関係の記事が見えて、そこでは、「耶美賀乃許理命（亦名が武瓶折命）―宇麻志毛呂尼命（亦名が櫛瓶凝命）―刀余美気主命（亦名が飯片隅命）―意保美気主命（亦名が神田々根子命）―太田田根古命」と見え、ここでは「豊御気主命―大御気主命―大田田根子」と続くものの、大田田根子の父とされる「飯片隅命」が祖父の豊御気主命の亦名とされるから、ここでも「豊御気主命＝大御気主命」を思わせる。健飯賀田須命（伊比加多須命）が鴨部美良姫を娶って大田田根子を生んだ。

先に、阿麻能比賀大命（建知遅若命）が磯城県主家の人とみたが、『姓氏家系大辞典』に引く『大神分身類社鈔』所載の「大神系図」には建飯勝命の兄弟に「磯城津彦命（磯城県主等遠祖）」をあげるから、「磯城津彦命＝阿麻能比賀大命（建知遅若命）」とすることができよう。こちらが、櫛御方命の子孫では嫡系となる。

その弟の系が建飯勝命（大田田根子の祖）の流れであり、その母が日向賀牟度美良姫というから、「賀牟度《かむど》」は出雲の「神門」に通じるかもしれない（その系譜は倭国造祖の珍彦の叔母という所伝がある）。なんらかの縁由で建飯勝命は出雲に住んだ模様であり、出雲臣の女子・沙麻奈《さまな》姫（父が一伝に出雲臣祖の津狭《つがる》命という）を娶って健甕尻命を生んでいる。後年、出雲のほうに大神掃石《はきし》君氏が生じたのは、こうした縁由に因るものか。

ともあれ、これで櫛御方命から大田田根子までの系がつながり、嫡系が磯城県主家となり、出雲にあった支庶家の流れから大田田根子が出た。健飯賀田須命の兄の阿田賀田須命の後が宗像君氏と伝えるから、これが史実なら出雲から筑前に行ったものか。大田田根子の父祖が何時、どのように和泉の陶邑に遷ったのかは、現存史料からは不明である。

なお、十市県主が磯城県主一族であることは、記紀の記事からも地理的にも問題なかろう。注意すべきは、『大和志料』下巻に掲載の「十市県主系図」は有名だが、太田亮博士も「後世の偽書、採るに足らず」と言うように、明らかに後世の偽系図である。それを所載の『和州五郡神社記』という書そのものも含めて、内容は疑問が大きい有害記事である。また、『書紀』割注一書に崇神前代に后妃を出したと見える春日県主は、中臣氏族かと推される。磯城県主家と同様、十市県主も春日県主も崇神前代には断絶したようであり、前者は磯城県主職を継いだ物部一族に領域も受け継がれ（このことを誤解して、磯城県主や十市県主が当初から物部氏族だとする見解は誤り）、後者は中臣氏族の添県主が領域を受け継いだ。

磯城県主家と隠れた同族

磯城県主家の本宗は崇神前代に断絶して、その跡は母系を受けた物部氏族に引き継がれた。後世に見える磯城（志紀）県主は、この物部の流れであり、『姓氏録』では和泉神別に志貴県主をあげて「饒速日命七世孫大売布《おおめふ》の後」と見え、大和神別の志貴連（「同神〔饒速日命〕の孫、日子湯支《ひこゆき》命の後」）も記される。「天孫本紀」では、饒速日命の七世孫に建新川命（母が倭志紀彦の娘・真鳥姫）をあげて「倭ノ志紀県主等の祖」とし、その弟に大咩布《おおめふ》命をあげるが、実体では建新川命と大売布命は同人である。

志紀県主の後から十市部首氏が出て、その後裔が平安中期に大いにあらわれる。十市部首有象《ありかた》らが十市宿祢、中原宿祢、さらに中原朝臣と賜姓を重ねた。明経道・明法道関係で活動し、平安後期以降の官人や中世武家が多く出た（官人としては地下《じげ》だが、地下筆頭格の押小路氏は明治に華族に列した）。中原氏の系譜の一伝には、安寧天皇の第三皇子、磯城津彦命を祖先とするものもあるが、これは明らかに系譜仮冒であり、磯城県主の跡を受けた物部氏から出たことの訛伝、仮冒にすぎない。

ところで、磯城県主家本宗が断絶したものの、隠れた支族が残って、後々まで大きな勢力を大和などの各地に残した。なぜそうした事態になったかというと、磯城県主家が大王家と度重なる通婚を踏まえ、大王家と同族化した一派を出したことに因る。それが、後に皇別に分類される諸氏、すなわち孝霊天皇後裔と称した吉備臣、開化天皇後裔と称した日下部連、崇神天皇後裔と称した上毛野君などである。これら大族諸氏は、安寧天皇の皇子で懿徳天皇の弟と『書紀』に記される磯城津彦命（猪使連の祖）から出た事情にある。

安寧天皇の名は磯城津彦玉手看《たまてみ》とされるが、その皇子とされる「磯城津彦命」はまさにその名のとおり磯城県主家から出た者であった。これが、懿徳紀の二年二月条割注に見える「武石彦奇友背《くしともせ》命」にもあたる。『古事記』では、懿徳段に師木県主の祖・賦登麻和訶《ふとまわか》比売（亦の名が飯日比売）を娶って孝昭天皇及び多芸志比古命（血沼《ちぬ》別、多遅麻《たじま》の竹別、葦井稲置の祖）を生んだと見える。「武石彦＝多芸志比古」（タギシヒコ）であるが、その位置づけが、『書紀』では懿徳の弟、『記』では懿徳の子とされていて、異なる。その実態は、記紀双方の記事ともまた異なり、懿徳皇后の弟で懿徳の後継的な存在（大王位の後継）が「タギシヒコ＝磯城津彦」だった。これが、今に伝わる記紀では、第六代天皇とされる孝安天皇にあたる。孝安天皇が「日本足彦国押人」という抽象的な実在性を欠くような名前で『書紀』に記される事情の背景でもある（だから、この天皇が後世の偽造人名だと簡単に切り捨ててはならない。名前から、闕史八代の天皇のなかでも孝安は特に実在性が薄いとされてきた）。

『旧事本紀』の「天皇本紀」では、懿徳の次は「孝照天皇→孝安天皇→孝照天皇」という順で混乱した記載が見られ、記事内容にも大きな混乱がある。そのときの天皇位継承は、「④懿徳→⑤孝安（懿徳の世子・孝昭が幼少につき、皇后の弟が中継ぎで大王位を継いだ）→⑥孝昭→⑦孝霊……」というのが実態であったのだろう。中継ぎの孝安天皇の後裔たちが彦坐王（日下部連の祖）、吉備津彦（吉備臣の祖）、豊城入彦（上毛野君の祖）であって、これらはいずれも通称だが、各々が実際には天皇の皇子ではなかった。このように、崇神天皇以前の皇別大族の諸氏は、後世に系譜仮冒が多くなされた。吉備氏の領域のなかや境界あたりには、大和で大国魂命（筑紫の大己貴神のこと）が祀られた「竜王山」と同名の竜王山が数多く存在する事情もある。彦坐王の後裔と称する「摂津皇別の鴨君」が『姓氏録』に見えるが、この氏は山城の鴨県主の流れで、美濃東部に居した鴨県主の支族とみられる。

ちなみに、上記の「血沼別《ちぬのわけ》」は和泉の茅渟《ちぬ》に起こって後世に吉備氏・毛野氏を分出し、「多遅麻の竹別《たけのわけ》」は但馬の竹野君の祖で但馬国造・丹波国造や日下部君・日下部連と同族であった。これら一族から、崇神・垂仁朝にあって全国平定事業を担った「四道将軍」（阿倍氏を除く二人）やいわゆる皇族将軍を出している。

以上の系譜にあって重要な結節点の役割を果たしたのが、懿徳天皇の皇后である。この女性は、『古事記』の記事「師木県主の祖・賦登麻和訶《ふとまわか》比売（亦の名が飯日比売）」が正しく、『書紀』割注一伝の「磯城県主太真稚彦が女、飯日媛」（命名法からすると太真稚彦の「妹」）もほぼ正しい。磯城県主家の家長は、「①黒速→②葉江→③太真稚彦」と続いたとみられる。太真稚媛こと飯日媛は、『書紀』孝安紀の割注一伝で孝安皇后として見える「磯城県主葉江が女、長媛」とも同人であり、懿徳皇后として孝昭天皇を生んだ（『古事記』懿徳段）。

磯城県主家は、『粟鹿大明神元記』では「①櫛御方命→②建知遅若命→③櫛瓶戸命」として三代（ないし四代）しか記されないが、この三代の実名が「①黒速→②葉江→③太真稚彦」に対応する。櫛瓶戸命（＝太真稚彦）の後は子があっても早世した故に、弟の武石彦奇友背命が磯城津彦（磯城県主）を継いだものの、一時的にもせよ大王（⑤孝安天皇）になったことで、磯城県主家の嫡系としては絶えた形だとみられる（可能性を考えれば、武石彦の跡は従弟で十市県主家の五十日彦〔大目とも同人か〕に継がれたか。大目には十市県主とも磯城県主とも『書紀』割注に見えるが、それも子か孫の代に男子がなくて断絶という事情があったか）。

以上のように、複雑な経緯や系譜事情を経て、崇神天皇前代の大王家や磯城県主関係の系譜が出来上がっている。しかも、それが何度か改定されたと思われるから、古代系譜についてよほどの適切な整理がない限り、学究といえども的確な理解が及ばないできた（現存史料からは、大王家や磯城県主家の系譜の完全復元は困難であろう）。

孝安天皇登場の系譜的背景

大王家（天皇家）の男系の血筋をひかない者が大王に即位した例は、日本列島にあっては類例がない。古代の東北アジアを広く見渡しても、匈奴の可汗位を世襲した黄金氏族（レンテイ氏族。とくにその初代の冒頓《ぼくとつ》単于の男系血筋）から可汗が出なかったのは、後漢になって匈奴が衰退期になって数例ある程度かとされることにも対応する。それでも、孝昭・孝安両天皇及びその関係者に関する記事の混乱や、『書紀』紀年の四倍年暦換算で生没や治世の年数を考慮すれば、外戚の磯城県主家からの一時的な大王位継承を考えざるをえない。その当時の初期段階の大王家は細々とした形で男系が続いていた（崇神～仲哀に至る時期でも、男系は細いつながりだと窺われる）。

　磯城県主家からは、家長が「黒速―葉江―太真稚彦」と三代続けて、各々の姉妹から初期大王の后妃を出し、しかもそれら女性が「②綏靖・③安寧、④懿徳、⑤孝昭（実際には孝安↓孝昭の順で、孝昭は第⑥代か）」という四人の大王の生母となったから、大王家との血縁は非常に濃い形となっていた（その後も⑧の孝元天皇の母は磯城県主家か）。

『粟鹿大神元記』の記事を考えると、葉江に当たる者が「意富多弊良姫」（多氏の娘か）を娶って櫛瓶戸命（太真稚彦）を生んだと見えており、⑥孝安天皇にあたる武石彦奇友背《くしともせ》命（櫛友背命）自身も姉の太真稚媛（懿徳皇后で孝昭天皇母）も、太真稚彦の同母の弟妹とみたら、多氏（神八井耳命）を通じて神武天皇の曾孫になる位置づけも考えられる。奇友背命は、懿徳天皇の同母兄の常津彦《とこつひこ》伊呂泥命（息石耳《おきしみみ》命）の娘・天豊津《あめのとよつ》媛（『書紀』には懿徳皇后で孝昭母と記すが、孝昭母は『記』のいう太真稚媛が妥当）を妻としたとみられる事情もある。こうした三重の縁で、武石彦奇友背命は大王家と繋がっていた。

　武石彦（タギシヒコ）は多芸志比古・当芸志比古とも『記』に書かれるが、これは神武の長子、手研耳《たぎしみみ》命（当芸志美美）の名にも通じる。この者は、神武没後に執政（短期間だが大王になったか）をしていたところを、弟の神渟名河耳《かむぬなかわみみ》（綏靖天皇）の襲撃で殺害されている。また、孝昭の名「ミマツヒコ」は、磯城県主一族の天八現津《やあきつ》彦命（実体が長髄彦か）の別名、観松彦色止《みまつひこいろと》命（一に観松比古命）

にも見られる。この名は『播磨国風土記』にも見えており、讃容郡に弥麻都比古命、飾磨郡に大三間津日子命とも表記され、後者を孝昭天皇とみる説もあるが、やはり国占めの神であろう。

実は、奇友背命に関する大王家との三重の縁（①自身が母系を通じて大王の子孫、②姉妹が大王の皇后〔生家が大王の有力縁戚〕、③自身が大王家の娘を妻とする）は、仲哀天皇崩御後にその皇子たちから大王位を簒奪した応神天皇にそっくり当てはまるものでもあった。

諏訪神族の東国移遷

時代を少し戻して、神武軍の大和侵攻に敗れた「長髄彦」に関連して、建御名方命という者がいた。記紀神話のなかでは、建御名方命は「出雲」に在った大己貴神の子であり、「高天原」に対する国土奉献という父神の意向に対して、兄の事代主神とは異なり強く反対したと伝える。このとき、実際には事代主神の一族は神武侵攻当時は畿内に居たが、同様に建御名方命も畿内に在った（出雲郡式内の佐支多神社が同神を祀るというから移遷したか）。建御名方の族裔については多くの考察もあるが、ここでは概略的な要点だけ記しておく。

建御名方命の別名が建御名方富命（南方刀美神）とも書かれ、「富・刀美」が地名「登美」の意味なら、同神が「登美の長髄彦」に通じる。長髄彦の妹が饒速日命に嫁したという世代対比でいえば、長髄彦は神武と時代は多少重なるものの、むしろ神武の一世代前の人となるので、「建御名方命＝長髄彦」の感が強くなる。事代主神系統は神武に降服し磯城県主家で残ったものの、建御名方命の系統は神武侵攻に敗れ畿内から退出して東国方面などに落ちていき、信州諏訪に定住した。長野市の三輪の地に水内郡式内の美和神社（祭神は大物主命）を祀り、諏訪大社上社の北方の大和《おわ》（大輪）辺りが諏訪郡美和郷（『和名抄』）で、大社南西の上伊那郡辰野町辰野にも三輪神社が鎮座する。諏訪大社には鉄鐸も伝わる。

　長髄彦の後裔は、別途、西方の四国方面にも落ちていった。逃れた阿波国名方郡の地に、建御名方命を祀る式内社の多祁御奈刀弥《たけみなかたとみ》神社（吉野川中流南岸の名西郡石井町浦庄字諏訪に鎮座し、諏訪神たる建御名方命・八坂刀売命〔少彦名神の孫娘〕の夫妻を奉斎）があるのも、後期銅鐸（後述）の出土などとも併せ、その傍証となろう。この場合には、実際に神武朝に諏訪や阿波へ移遷したのは、建御名方命（すなわち長髄彦）の子や孫などの一族とみられる。

　諏訪大明神が竜蛇神とされ、諏訪大社の土室《はむろ》神事（神体の蛇を土室に籠もらせる神事で、御室《みむろ》神事ともいう。既に廃絶）など、諏訪地方では竜蛇信仰が濃厚である。こ

諏訪大社上社近くから見た諏訪湖と諏訪盆地

のミシャグジ（ミシャグチ。御作神、御社宮神、御左口神など多くの表記）の信仰は、東海地方の広域に渡って分布する原始信仰であり、吉野裕子氏は、「赤蛇《しゃくち》」の意と解する。諏訪でも四国の阿波・土佐方面でも、「長髄彦」という名は伝えなかった（敵方の神武側のほうから呼ばれた名称か）。

阿波の長国造の移遷

大和国には鳥見（登美）という地が二か所、城上郡と添下郡にあって、それぞれに式内社がある。それが、城上郡の等弥神社、添下郡の登弥神社である。これは先に述べたが、後者は富雄川東沿岸の奈良市石木町に鎮座する。その祭神のなかの一人に登美建速日命という神があり、同社の他の祭神からみて、この神が本来の祭神で登美彦すなわち長髄彦にあたるとみられる。中田憲信編の『諸系譜』第六冊所収の「長公系譜」には、建日別命という者が見えており、この者こそ登美建速日命であろう。

同系図では、建日別命は長《なが》国造（阿波南部）・長我孫や都佐《とさ》国造（土佐）の遠祖であり、事代主神の孫に位置づけられる。その父を天八現津彦《やあきつひこ》命（一云、観松比古《みまつひこ》命）とするが、又名の観松比古命は、「国造本紀」の長国造及び意岐国造の条には観松彦色止命と見えており、阿波国名方郡の式内社、御間《みま》都比古《つひこ》神社（名東郡佐那河内村下モノミ石に鎮座）の祭神でもある。観松彦命は、事代主神の子とされること、その子に「登美」に関係ある者がいること、その後裔に長国造・長我孫が出たことなどを考え併わせると、神武に立ち向かった長髄彦その人であろう。そして、「登美建速日命」が登美彦・長髄彦であるならば、建日別命は天八現津彦命とも同人だということになる。

長国造の領域は、阿波国那賀郡の那賀川流域が中心であった。その周辺には、勝浦郡の式内社の事代主神社や、名方郡の式内社の多祁御奈刀弥神社など、三輪・諏訪一族に関係が深い古社が存在しており、これらの古社も長国造一族が祀ったとみられる。

「観松彦」とか「天八現津彦」とかいう呼称は、大和の支配者の美称にふさわしい。大和朝廷第五代の天皇である孝昭天皇の和風諡号が観松彦香殖稲《かえしね》尊とされることも想起される。観松彦の下の「イロト（色止・伊呂止）」が弟を意味する語であることで、長髄彦が事代主神の後継者であっても実際には子ではなかったとすると、兄・事代主神に対する「弟」の意味で妥当であろう（この意味で、建御名方命にもあたる）。式内社の事代主神社は、大和葛城の鴨都波八重事代主神社以外では、全国で阿波国の二社のみだが、この祭祀は天八現津彦が事代主神の後継族長たることを示したものか。

もう少し阿波関係を補記しておく。
(1)先に、建御名方命を祀る式内社が阿波国名方郡にあることをあげたが、その子の八桙神を祀る式内社も阿波国那賀郡にある。それが八桙神社という名で、徳島県阿南市長生町宮内に鎮座しており、『特撰神名牒』なども祭神を八桙神（建御名方命の子、あるいは曾孫）とする（一に祭神を大己貴命とか八千矛神という）。同社の由緒には、「八桙神社は上古長ノ国造の祖神として竹原庄要津に鎮座す」とあるから、建御名方命の子の八桙神が長国造の遠祖でもあった。この所伝からも、「建御名方命＝長髄彦」ということになる。長生町からも銅鐸出土の伝えがある。阿南市域からの銅鐸出土は多く、ほかに山口町などから八個の出土があった。
諏訪の「神氏系図」には伊豆早雄命の弟に「八杵命」と見える者があり、これが阿波国の「八鉾命」にあたるとする指摘が『大日本史』神祇志や飯田好太郎の著述に見える。『諸系譜』第六冊所載の「長公系図」には、弟の意味「イロト（色止・伊呂止）」を名にする「伊侶止命」（すなわち長髄彦）

の子に「八上乃命」があげられており、これが「八桙神」にあたるとみられるから、諸伝がほぼ符合する。同系図では、八上乃命の子の代に阿波の長国造系統と土佐の都佐国造系統に分かれたと見える。
(2)御間都比古色止命を祭神とする名方郡式内社の御間都比古神社は、現在、名東郡佐那河内村の長峯中腹にある。そこから園瀬川を少し下った地の徳島市上八万町星河内の巽山古墳は、古墳時代前期（四世紀前半か）の大型円墳であり、古墳の対岸にある星河内美田の赤土採取場からは七個分もの銅鐸（袈裟襷文銅鐸の破片）が集積埋納される状況で出土した。神社と美田とのほぼ中間地東方にある同市八多町多家良辺りからも所伝を含め三個の銅鐸出土がある。徳島

阿波の銅鐸（徳島市矢野遺跡出土）
＝徳島県埋蔵文化財総合センター提供

御間都比古神社（徳島県名来町、佐名河内村）

都佐坐(土佐)神社(高知市一宮しなね二丁目)

県内からは伝も含めて合計四〇個超もの銅鐸出土があるが、これらが徳島市・阿南市の地域に集中する。高知県でも約十個の出土がある。

『日本の神々2』には御間都比古神社の項で、「園瀬川上流域には、弥生後期に大量の銅鐸を保有しうる集団がすでにあり、古墳時代に入っても強力な豪族のいたことが窺われる。少なくとも後者は、観松彦色止命を祖とする長国造と深い関連を有する集団であろう」と指摘される(板東悊夫・松本隆義両氏の著述)。

以上のような諸事情から見て、長髄彦本人は討たれたものの(ないしは討たれたと装って逃走した可能性もあるか)、その子孫は後世に残ったことになる。その一部は四国の阿波・土佐方面に逃走・遷住し、後の長国造及び都佐・波多両国造を出した。土佐国の土佐郡の都佐坐神社は味鉏高彦根命を祭神とし、幡多郡の高知坐神社は事代主神を祭神とする。

これら地域には、後期銅鐸が多数出土しており、関連して、同じような銅鐸出土の傾向を示す三河・遠江が諏訪神一族の東国への逃走経路とみられる。三河・遠江地方を中心にする地域には、弥生時代後期では畿内地方とは異なる三遠式銅鐸が発達し多く出土するが、古墳時代になると景行東国巡狩の影響で物部氏族系の諸国造に変わった。

これらと同族という隠岐の意岐国造では、十挨彦《とおき》を国造初代といい、子孫が周吉《すき》郡式内社の玉若酢神社（隠岐惣社。島根県隠岐郡隠岐の島町下西）を歴代奉仕して現代に至っており、億岐家住宅は国の重要文化財に指定される。文化十年に京で没した億伎幸生《さちなり》（第四十代国造という）は、高山彦九郎との交友もあり、この幸生から「隠岐臣」を自称したが、本姓は不詳である。祭神の玉若酢命は大酢別命の子で祖神と伝えるが、系図には見えない。海部直は国造族とみられ、氏子地区には加茂もあって、海神族系統の出は傍証になろう。

東遷の伊勢津彦と諏訪神との関係

関東や信濃という東国在住の古代氏族のなかには、神武の大和侵攻に玉突きされるように、遠祖が畿内周辺を追い出され、東遷したという伝承をもつものがいくつかある。その著名なものは、『伊勢国風土記』逸文に見える神武朝の伊勢津彦であり、『古事記』の国譲りの段に大国主神の次子として見える諏訪神の建御名方命でもあって、この両者の関係が江戸後期の本居宣長の頃から同神か別神かと議論されてきた。

伊勢津彦と建御名方命との関係については、出典も時代・地域も異なるが、国土を天孫（及びその子孫）に献上して本国を去り、信濃ないし東国に鎮座するという所伝では事績が酷似するため、国学者の間で見解に相違があった。結論からいえば、両者は神武東征時の人という点では同じであるが、その子孫や祭祀・トーテミズムなどの事情を考えると、別人である。すなわち、伊勢津彦は天孫族系統の出雲国造一族であって、武蔵・相模などの東国諸国造の遠祖であり（「国造本紀」には成務朝に武刺国造の祖・神伊勢津彦命の三〔?〕世孫の弟武彦命が相武国造に定められたと見える）、一方、

諏訪大社下社春宮

建御名方命のほうは海神族の出で、大己貴神の後、信濃の諏訪神氏一族の遠祖であった（従って、宣長説は誤りとなる）。

建御名方命の後裔にあっては、同神を遠祖神とし、その子の伊豆早雄命（出速雄神、片倉辺命）兄弟が中心となって、三河・遠江を経て信濃などに東国遷住をしたのであろう。この一族は諏訪神族と呼ばれ、信濃南部の諏訪地方を中心に古代・中世の信濃におおいに繁衍したほか、移遷経路地域も含めて長く勢力を保持した。同神とその眷属神関係の式内社が信濃の前掲社のほか、遠江国磐田郡に須波若御子神社があげられ、三重から愛知・静岡にかけての東海地方にも諏訪神社が多数分布する。東海地方には、後末期銅鐸である三遠式銅鐸の分布も見られる。

ちなみに、諏訪神社は全国で約五千社あるとされ、そのうち長野・新潟両県で過半を占めると

いうが、東海地方にも多いことに留意される。

諏訪氏の出自は海神族の三輪の磯城県主・三輪君の一族であり、諏訪神族は諏訪大祝などを出して神人部《かむひとべ》（直・宿祢という姓）を姓氏とした。諏訪神社は奈良の三輪山を神とする大神神社と同様に本殿はなく、背後の山が神体であって、最も古い信仰形式を示している。

関連して「伊勢都彦」についても、『埼玉叢書』所収の「角井家系」などを基に再考してみる。同系図は貴重な古伝とみられるが、伊勢都彦周辺に若干の混乱がある。そのため、世代対応などを基礎にしてこの辺の系譜を整理すると、出雲国造の祖・天夷鳥命の子に出雲建子命（櫛玉命。その実体は物部祖の櫛玉饒速日命〔『書記』の表記〕と同神とするのが妥当）がおり、その子の神狭《かむさ》命（諸忍毘古命）こそ神武朝に伊勢国度会県に居て東国遷住したと『伊勢国風土記』逸文に見える「伊勢都彦」に当たるとみられる。神狭命の後裔は、崇神朝頃から始まる大和王権の東国進出に服属する形で勢力を拡大していき、武蔵・相模や上下の海上など房総といった東京湾・相模湾沿岸地域に置かれた東国諸国造となった。

諏訪神党及び隅田党の活動

諏訪氏の嫡流は、古代では諏訪評督や諏訪郡領などをつとめるとともに、一族が諏訪社に奉仕した。平安前期頃の御衣木祝《みそぎ》有員《ありかず》が中興の祖（俗に初代大祝）で、その族裔となる神党武士団は平安後期頃から史料に登場する。その後は源平合戦や南北朝期の争乱をこえ、戦国期まで及んだ。神党武士の諸氏は諏訪・藤沢・千野・保科・小出・片倉など信濃にきわめて多く分布し、本来は他姓の金刺宿祢や称滋野朝臣姓の諸氏（禰津氏など）まで取り込んで、広く武士活動を展開した。その基礎に諏訪神信仰があった。諏訪の神人部宿祢（神宿祢）姓の諸氏は中世には強力な同族武士団を形成し、「神党」「神家党」「諏訪神党」とも呼ばれた。大和国磯城郡の三輪氏との同族関係は、顕著な竜蛇信仰（竜蛇神の奉斎）の共通性から分かる。武家では通称に「神（甚）」を加えるという特徴もある。

諏訪氏の惣領家は諏訪上社大祝を世襲したが、室町期には本宗は武家となって、祠官の大祝家と分れた。戦国大名家としての諏訪氏は、武田氏により諏訪頼重が殺害され滅亡したが（頼重の外孫が武田勝頼）、支族は幕藩大名（信濃高島藩）、明治に華族として残った。ちなみに、下社大祝家金刺氏は金刺舎人姓で、神武天皇後裔の科野国造一族の後とする。

諏訪一族には清和源氏の源満快流と称するのもあるが、これは系譜仮冒である。支族小坂氏出身の諏訪円忠は建武の新政で雑訴決断所の寄人を務め、その後室町幕府の評定衆・引付衆などを務め奉公衆でもあった。『諏方大明神画詞』は円忠による著作物である。後裔は室町末期まで幕府奉行人として見える。承久の乱による新補地頭や北条氏の御内人としての影響などで多くの諏訪一族諸氏が全国に拡散したが、そのなかに丹波の上原氏、出雲の牛尾・三刀屋氏などがあげられる。これら一族は、科野国造族裔や称滋野姓諸氏などと系譜を混淆し、清和源氏なども称するなど系譜は複雑であった。

阿波における長国造後裔の諸氏は知られないが、阿波国那賀郡から対岸の紀伊北部に遷住した支族もあった。紀伊国那賀郡の郡司大領家となり、長《な》我《が》宿祢姓、のちに仮冒して藤原朝臣姓を称し、隅田党という中世武士団を出した。隅田党は、紀ノ川中流部の伊都郡隅田荘にあって隅田八幡宮（和歌山県橋本市隅田町垂井）を核に結合し、平安後期頃から見られる。隅田八幡宮俗別当・隅田荘下司公文職の称藤原姓隅田氏を中心として葛原・境原などの一族に加え、異姓（文宿祢姓〔橘姓とも称〕上田氏や称源姓の土屋・松岡氏など）も含む中小武士の族的結合である。北条氏の被官となり、その活動は南北朝・室町前期にも見られて戦国末期まで続くが、その時期に没落し江戸期では郷士となって、隅田家文書を伝える。

隅田党の祖・長我忠延が十二世紀の初頭の長治二年（一一〇五）に卜兎神社（後の隅田八幡）の俗別当職、ついで六年後に隅田荘公文職となったことや因幡国八上郡に白兎神社が数社ある事情は、長我一族の先祖の系譜を示唆する。忠延の俗別当補任に百十年先立つ長徳二年（九九六）正月に、正六位上長我宿祢忠永の丹波権大目への補任が『大間書』に見えており、この族裔が隅田党だったか。

これら東国や紀伊の武士としての行動に、遠い祖先である武神建御名方命（長髄彦）の神武抗拒活動の記憶があったのかもしれない。ちなみに、一に諏訪神にも当てられる伊勢津彦（実体は物部族かと既述）の末裔となる東国諸国造家などからも多くの中世武士を出し、「坂東八平氏」に数えられる三浦・大庭・梶原・長尾や、藤原姓を称した安達（足立）などの諸氏があげられる。前九年の役の当事者たる安倍頼時一族も、古代丈部の流れをなんらかの形で汲んでいた可能性がある。陸奥

隅田八幡宮（和歌山市橋本市）

六郡の長・安倍氏が、長髄彦の兄・安日彦（アビヒコ）のが神武侵攻に抗して陸奥津軽まで落ちのび、その末裔だという安東・秋田氏系統に伝わる伝承もある。「安日彦」の名は記紀など信頼できる史料には記載されないが、伊勢津彦が伊賀で争った者として「阿倍志彦」という名が『風土記』逸文の伊勢（一説）のなかに見えるから、この意味で伊勢津彦所縁の者か。ともあれ、これら伝承・記憶は遠い先祖が神武に抵抗したことでは同じであり、後世になんらかの転訛があった。

このように見ていくと、神武東征は近畿地方のみならず、日本列島に大きなインパクトを与え、それが波及して古代・中世の各地の歴史にもつながる重大事件であった。記紀など古代史料の些細な不都合を指摘して貴重な史料を投げ捨て、上古の歴史を切り捨てるというような姿勢は、歴史研究者としては取ってはならないと思われる。

史料に見える畿内の三輪一族

三輪氏とその同族が畿内にどのように分布したかを、平安前期に成立の『新撰姓氏録』の記事を基に考えていく。それによると、次のとおり合計で十七氏ほどである。これだけだと、同族諸氏があまり多いとはいえないし、賀茂朝臣及び宗形朝臣をのぞくと、六国史などの史料にも殆ど現れない。
大神朝臣　大和地祇　素佐能雄命六世孫、大国主の後。
賀茂朝臣　大和地祇　大国主神の後。大田田祢古命孫、大賀茂都美命。（高鴨神社を奉斎）
長柄首　大和地祇　天乃八重事代主神の後。
三歳祝　大和未定雑姓　大物主神の五世孫、意富太多根子命の後。（葛木御歳神社を奉斎）

石辺公　左京地祇　大物主命の子、久斯比賀多命の後。
　同　　山城地祇　大物主命の子、久斯比賀多命の後。
狛人野《こまひとの》　山城地祇　大物主命の子、櫛日方命の後。
鴨部祝　摂津地祇　賀茂朝臣同祖。大国主神の後。
（河内未定雑姓の鴨部〔御間城入彦五十瓊殖天皇の後〕も同族に近いか）
（摂津皇別の鴨君〔日下部宿祢同祖、彦坐命の後〕も同族に近いか）
神人　摂津地祇　大国主命の五世孫、大田田根子の後。
神直（一に神人）　摂津地祇　大国主命の五世孫、大田田根子の後。
宗形朝臣　右京地祇　吾田片隅命の後。
宗形君　河内地祇　大国主命六世孫、吾田片隅命の後。
和仁古《わにこ》　大和地祇　大国主神六世孫、阿太賀田須命の後。
我孫《あびこ》　摂津地祇　大己貴命の孫、天八現津彦命の後。
（摂津未定雑姓の我孫〔豊城入彦命男八綱多命の後〕も同族に近いか）
長公　和泉地祇　大奈牟智神の子、積羽八重事代主命の後。
住道《すむち》首　摂津未定雑姓　伊弉諾命の男、素戔烏命の後。
野実《のみ》連　左京未定雑姓　大穴牟遅命の後。
これら諸氏のほか、六国史等の史料に見える畿内の三輪一族では、後に改姓し大神朝臣となった諸氏として、大神真神田君、大神波多君、大神引田君、大神私部君、和邇子《わにこ》（和爾古）があり、朝臣姓を賜ったのでは楉田《しもとだ》勝（大神楉田朝臣）、神掃石《はきし》公及び神人公（ともに大神掃石朝臣）がある。ほかに畿内を中心に一族をあげると（居地不明なものも含む）、大神栗隈君、大神大網造《おおよさみ》、神直（神部直）、神人部、神人部直、神漆直、大神（大三輪）宿祢、掃部首、掃部君《かきもり》などもあった。賀茂朝臣とその一族では、高賀茂朝臣、慶滋《よししげ》朝臣、賀茂宿祢、賀茂役《えん》公、鴨部首などが見える。

総じていえば、三輪氏とその同族では、大和と摂津に分布が多かったといえよう。

諸国の大神神社と大神郷の分布

ここまでに上古代から平安前期頃までの動きを見てきたが、諸国に分布する大神神社・大神郷や三輪氏関連氏族（三輪、大神、神部、大神部など）について、主なものを概観しておく。本書では、さらに重要なものについて後ろで取り上げることにする。

三輪族は上古の大族だけあって、早く崇神前代にも活発な支族分岐を各地に行った。越（越君）、諏訪（洲羽君）、伊勢（石辺公、宇治土公）、筑前（宗像君）など各地の雄族を崇神前代までに出している。

これら地方の同族諸氏が祭祀する三輪神（美和神）・大神に関係の神社では、吉備地方に分布が多いことに注目される。備前国上道郡上道郷の大神神社は、大量の三角縁神獣鏡を出土したことで有名な岡山市四御神《しのごぜ》の備前車塚古墳の付近にある。祠官家は大神姓の有森氏というが、詳細な史料はない（『式内社調査報告』）。児島郡にも大神神社があり（式外。同郡には鴨神社もあり、これを含め式内社の鴨神社が三社、備前にあるが、総じて天孫系の鴨か）、邑久郡の美和神社（瀬戸内市長船町東須恵）、磐梨・津高両郡に神神社（式外だが、「備前国神名帳」に掲載）、備中国下道郡の神神社（総社市八代宮山）も見えるが、そのほかにも大神関係諸社が吉備に多く、関連の地名も多い。天平十一年の『備中国大税負死亡人帳』には、備中国窪屋郡美和郷（総社市三輪あたり）の人として美和首広床・神首百・神人部赤猪が見える。

備前・備中・美作のほか、山陽道に沿う播磨・安芸・周防にも大神関係社の分布が多く、各国の神名帳にあげられる。これらは、吉備地方を征服する時に大和王権によって分祀されたのではないかという見方もあるが、これは正しくない。先にも述べたが、三輪神を王権が祭祀したわけではないからである。三輪神を奉じて平定・討伐活動を行ったのは、まさにその主役たる吉備氏そのものである。吉備氏の実際の系譜は磯城県主支流に出たことは先に述べたが、祖神の三輪神を奉斎して開発活動を行い、吉備各地で祭祀した。

吉備氏から更に東国へ分出したのが雄族、毛野氏である。それ故に、毛野地方にも三輪関係の式内社があり、下野国の都賀郡に大神神社（栃木市惣社町）、那須郡の三和神社（那須郡那珂川町三輪）、上野国でも山田郡の美和神社（群馬県桐生市宮本町）があげられる。上野の美和神社は崇神朝の勧請という古社であり、年代的に毛野氏に関連するものか。桐生市広沢町には賀茂神社もあり、崇神朝代に豊城入彦命が勧請したと伝える。『日本後紀』には、延暦十五年（七九六）に両社がともに官社に列したと記される。

以上の式内社に加え、東海道方面の式内社を見る

美和神社（群馬県桐生市）

と、伊勢国飯高郡の大神神社（松阪市伊勢寺町相田。一に大神社）、尾張国中島郡の大神神社（一宮市）、遠江国浜名郡の大神神社（静岡県浜名郡新居町中之郷）及び弥和山神社（浜松市北区三ケ日町の神明宮か）、駿河国益頭郡の神神社（藤枝市岡部町三輪）、甲斐国では山梨・巨麻両郡に神部神社があり、鎮座する地域が連綿とつながるが、その分布が何に因るのかは史料がなく不明である。

東山道方面では、美濃国多芸郡の大神神社（上石津町宮字街道）、信濃国水内郡の美和神社（長野市三輪）がある。信濃では、貞観八年（八六六）二月の『三代実録』の記事に、水内郡の三和・神部の両神が大変怒って兵乱や病気を起こしたと見える。

これら諸神社や下記のミワ関係地名が東海道・東山道に割合多いが、大和王権の東国進出や経営に関連して東国に勧請されたとみるには無理がある。行動主体の阿倍氏や物部氏は大物主神の後裔でないから、この神を奉斎・勧請するのはありえず、前川明久氏の見方は当たらない。おそらくは、諏訪氏族や毛野氏族の移遷の足跡を示すものでなかろうか。

日本海側には大神関係の式内社があまり多くない。北から見ると、越後国頸城郡の大神社（糸魚川市などに論社が数社あり）、加賀国加賀郡の三輪神社（石川県河北

美和神社（長野市三輪）

郡津幡町）、越前国敦賀郡の大神下前神社（福井県敦賀市。同郡与祥郷戸主の神人根麻呂の戸口、大神黒麻呂が天平十七年〔七四五〕に優婆塞として東大寺に貢進）、若狭国遠敷郡の弥和神社、山陰道では因幡国巨濃郡の大神社、伯耆国会見郡に大神山神社（米子市尾高に鎮座し、奥宮が伯耆大山）があって、出雲には端的な式内社がない。伯耆では米子市淀江町小波に国史見在（『三代実録』）の三輪神社があり（もとは現社地の東南一キロの三輪山に鎮座という）、崇神朝の勧請と伝える。

四国では、阿波の名方郡に大御和神社（祭神が大己貴神。徳島市国府町府中）一社のみである。九州では、式内社は筑前国夜須郡の於保奈牟智神社だけであるが、「筑後国神名帳」には御井郡に大神神社、御井・三瀦・山門両郡に大神社が見える。これら諸社も三輪氏とその同族の祭祀とみられるが、祭祀の経緯や奉斎氏族は殆ど知られない。

『和名抄』によって大神郷の地名分布も見ておくと、畿内三（大和国城上郡、摂津国の有馬郡・河辺郡）、東海・信濃地方二（遠江国浜名郡、美濃国大野郡。「美和郷」が美濃国席田・賀茂郡、尾張国中島郡、三河国八名郡、駿河国安倍郡及び信濃国諏訪郡）、山陽道一（播磨国賀茂郡。「美和郷」が美作国の苫東・大庭両郡、周防国熊毛郡の三か所）、九州に二か所（筑後国山門郡、豊後国速見郡）ある。摂津の有馬郡大神郷はいま三輪（現・兵庫県三田市）となり、三輪神社が鎮座する。称徳天皇の天平神護元年（七六五）に大和の大神神社の神戸として摂津国に二五戸が封ぜられた地で、神直氏により開拓されたと伝える。

このほか、『和名抄』には美濃国山県郡の「大竹郷」と表記されるが、大神郷が正記で（岐阜市三輪の地）、いまも三輪明神がある。その付近に須恵器窯跡が確認されており、天平勝宝二年（七五〇）の「美濃国司解」には神直大庭が見えると、佐々木幹雄氏が指摘する（「三輪山祭祀の歴史的背景」）。この三輪明神は旧郷社（「美濃国神名帳」に正二位美和大明神）で、現・三輪神社であり、このほか、岐阜県には三輪神社が九社ある。諏訪神・健御名方命の創祀伝承のある社（揖斐郡揖斐川町三輪）以外は、創祀経緯や古代事情は殆どが不明である（うち半数の五社が下呂市及び郡上市）。大神神社は上記式内社のほか二社ある（揖斐郡池田町萩原、養老郡養老町上之郷。戦前の創祀の美和神社も一社。以上は、岐阜県神社庁のＨＰに拠る）。

全国的に見ると、式内や国史見在の社としては、三輪神社よりも美和神社のほうが多い。美和郷は東国（常陸国久慈郡、信濃国諏訪郡）にもある。その他、ミワ関係の氏人・部民については、適宜、関係各所で触れることにする。

六　中世以降の三輪氏の動向

三輪氏の動向について、中世以降の動きも見ておく。この時期にあっては、三輪氏ははなばなしい動きを殆ど見せないが、それでも南北朝争乱期には三輪の大神神主家一族が南朝方で働きを見せる。

南朝方の三輪西阿一族

大神主の三輪勝房（入道西阿）は、『太平記』に記事が見える。同書巻十八の「先帝潜幸芳野事」（「先帝」は後醍醐のことで、時期は延元元年〈一三三六〉十二月末）には、三輪の西阿も先帝に随い吉野に駆けつけ、巻二十一にその三年後の延元四年（一三三九）八月に吉野行宮で崩御の時も名前が見え、巻三十には吉野朝廷と足利方との和睦ができたときの路次警固のなかに「三輪」と見える。これらを通じて、楠木・和田や真木（牧）定観らとともに南朝方で行動した。吉野郡天川村には「おりわ地蔵」があり、この地蔵像の脇には「大壇主西阿、仏大工国正」「延元四年己卯六月二十四日」の刻がある。大壇主は施主のことで、西阿の本願により仏大工が延元四年に作製したことが分かる。これらの流れのなかで、三輪西阿の動きが知られる。

三輪西阿の親子は正平三年（一三四八）に楠木正行とともに四条畷合戦で討死したと伝える。四条畷神社には、主祭神楠木正行のほか、一緒に戦死した主な将士二四柱が配祀され、そのなかに三輪西阿親子があげられる。『太平記』には、「和田・楠が兄弟四人、一族二十三人、相順ふ兵百四十三人」が死んだという概括的な表現となっている。三輪西阿の活動拠点、三輪城があった所は、大神神社本社拝殿より南約一五〇《メートル》の小高地の一角に鎮座する摂社の日向神社のあたりで、城山と呼ばれる高台であった。

『高宮家系』などに基づいて当時の三輪一族の動向を記すと、三輪勝房は南朝方に伺候し、延元四年（一三三九）には正五位下に昇叙し吉野の皇居を宿衛しており、子の神二郎信房はその前年、延元三年五月に北畠顕家に従って阿倍野の戦いで討死した。信房の子・三郎為房も南朝に属し、その子の信重は北山御所に伺候し、子孫は大和国宇陀郡に居して伊勢北畠氏に属したという。勝房西阿の曾孫の高宮三郎兵衛保房は吉野北山で自害し、その子・神山四郎冬房も南朝方として北山御所に仕えた。その子の神山徳房は、南朝方の北畠

三輪西河の最期の地と伝える四条畷古戦場の地
（四条畷神社参道から飯盛山を見る）

氏に属し伊勢で討死した。このように、三輪神主一族の多くが南北朝の内乱にあって南朝方の北畠氏などに属して活動したが、非運の討死を遂げたものが多い。

南北朝期に大神神社の西南方、桜井市戒重《かいじゅう》の開住（開地井）城に拠った「開住西阿」なる者もおり、南朝方で活動したことが史料（『薩摩文書』等）に見える。朝倉弘氏は、その著『大和武士』（奈良県史第十一巻）では開住西阿について書き、東大寺衆徒で、足利直義が高師直や仁木頼章らに西阿を攻めさせており、西阿嫡子の杢助らを討ち取ったなどの記事を見ると、これは三輪西阿とは別人とみられる（『大日本史』には関地城に拠り挙兵と見えて、三輪西阿と同人と考えた記述をする）。

開住（開地井）西阿は、後醍醐天皇の吉野遷幸にともない南朝方として挙兵し、本拠で細川顕氏と戦いをくりかえしたが、暦応四年（一三四一）に落城した。その後の消息は不明も、息子らしい関地（開住かという）良円は四条畷合戦で戦死した（その亡息として平医王丸も良円墓の五輪塔銘文に見えるから、次の玉井西阿とも別人かもしれず、人物混同が種々ある）。玉井西阿、鵄邑西阿ともいわれた者もおり、この者は本姓が高階真人で式内社宗像神社（いま鳥見山北麓に鎮座）を祭祀したとされる。外山の玉井氏の系譜でも、本姓が高階氏で、天武天皇の高市皇子より出るという。高市皇子の母は胸肩氏から出たので、筑前の宗像神社から大和へ勧請して氏神として祀り、高階氏はその神主を累代つとめ、江戸時代に藤堂藩に属して玉井氏を名乗ったという。

戦国・江戸期の高宮氏などの動向

室町期以降は、三輪氏嫡流は歴代が大神主として神事に務めた。神主家は保房以降、居住地の地名（旧城上郡馬場村の高宮。現大字三輪の北部）に因んで高宮氏を名乗り、上古以来、男系が連綿と続いた。戦国時代には、大和国人衆のなかでも一方の雄であった筒井氏の配下として、三輪の高宮主水正が『和州国民郷士記』に記される。前後の通称から見て、大神神主とみられるが（実名は不明）、武士としての活動は見えないようである。

なお、大和国添下郡筒井の土豪として起こった筒井氏について、大神神社の神官・大神氏一族から出たとも言われるが、現存する三輪氏の系図のなかに具体的な筒井氏の祖系や関係者を見出すことができない。様々な可能性を考えれば、添上・添下両郡に繁衍した海神族系和珥氏族の流れ（なかでも井手〔井代〕臣か）をひくのが筒井氏ではなかろうか。

戦国時代後期になって、三輪神主家に男系が絶えた。神主の高宮幸房が二十二歳で卒去し、その二年後には息子の時若も幼児で早世して、本宗の男系が断絶した。そこで、神主幸房の従弟、京の鴨県主国祐（鴨県主祐春の子、母は高宮氏の出で幸房の叔母）が天文十五年（一五四六）四月に高宮家督を継ぎ、その後は子孫連綿して明治に至っている。

上記の高宮保房の兄弟に主水がおり（『高宮家系』には見えない）、その子の筑後守親房は、文安二年（一四四五）に廿五歳のとき美濃国関ヶ原に移住したと伝える。親房より六代目の医者沢村次郎三郎（自三）親重の子が江戸中期の儒学者三輪執斎《しっさい》希賢である（三輪繁蔵発行『三輪執斎』等）。山崎闇斎の流れを汲む学問（崎門）を佐藤直方に学び、その著作『標註伝習録』は、王陽明の語録『伝習録』の注釈書として最も初期のもので、陽明学の普及に大きな功績を果たした。関ヶ原の南方十キロほどには多芸郡の式内社の大神神社があり、関ヶ原の東北方十キロほどの揖斐郡揖斐川町三輪にも揖斐郡の総鎮守として三輪神社（元県社）があって、大物主神を祀る。この地は、奈良時代頃から大野郡大神郷であった。

関白豊臣秀次の父と尾州三輪氏

先に述べた三輪勝房の曾孫・信重の子孫は、はじめ河内国若江に居し、その後に大和国宇陀郡に移遷して伊勢北畠氏に属したと『高宮家系』にいう。この家系から、関白となった豊臣秀次を出したとも見えるので、同系図などに拠り簡単に見ておく。

信重の曾孫の近江守政泰は、宇陀郡富田に移って伊勢国司の北畠大納言材親《きちか》に属したといい、その子・太郎左衛門尉政重の系統は北畠氏に属して、その孫の神八政衛は永禄年中（一五五八～七〇）に鈴鹿で討死した。政重の弟、五郎左衛門尉政兼は尾張国犬山に移り、その孫の次郎兵衛尉宣政が秀次の父・長尾弥助吉房（三位法印一路）の父とする記事が見える。宣政の甥・三輪五郎右衛門吉高が秀次に仕えて犬山城主（実際には城代）であったというし、吉高の妻が一路法印の妹とされるから、犬山の三輪氏と豊臣秀次家との通婚などの縁由があったとみられる。豊臣秀次に仕えた武家に三輪出羽守がいて、尾張国内に一万石余を領したものの、文禄四年（一五九五）の秀次事件に連座して失脚しており、これが『高宮家系』には「出雲守」と記される吉高にあたるとみられる。

三輪吉高の娘は、各々、小坂孫九郎雄吉の室、蜂須賀小六正勝の室（大匠院、松）になったと伝えるから（『高宮家系』には不記載）、なかなかの名族であり、吉高の跡は長子の五郎右衛門吉英が継ぎ、犬山城主（城代）になった記事まで「高宮家系」に見える。その家は吉英の跡を弟の若狭が継いで、丹羽郡宮後村（現・江南市）に住み、八幡社神官として続いたといわれる。

ところで、この家系の先祖の信重の父については、西阿の孫の為房ではなく、三輪小太郎信為とする系図（『百家系図稿』巻十二所収「三輪系図」）もある。この系図では、信為の八代先の「加賀守景清」から始まっており、景清と三輪本宗家との関係は記されないが、名前と世代対比から見て、平安末期の神主景房の兄弟に景清はあたりそうである。この「三輪系図」では、吉高・吉英親子が豊臣秀次に仕えた記事はあっても、一路法印も含め、三輪宣政の子としては誰もあげられない。すなわち、長尾一路法印が三輪氏から出たのは疑問が大きく、後世になって犬山三輪氏の家系に系図を附会させたとみられる。

楽家大神氏の流れ

奈良で雅楽を伝承するために平安時代中期頃に形成された南都楽所《なんとがくそ》という組織があり、そこでの雅楽の演者が南都楽人と呼ばれ、楽人任免についての記録『楽所補任』がいまに残る（『群書類従』の補任部に所収されるが、部分である）。そこには大神、高麗、安倍など、雅楽の特定の家柄が平安中・後期からいくつか現れる。

楽人となった大神氏は、『群書類従』所載系図では右舞人と見える為遠から始まり、その先は記さないが、鈴木真年関係系図集のなかには先祖も記される系図がある。それらに拠ると、高市麻呂の弟の安麻呂に始まる家系であって、その曾孫の仲江麿は延暦十年代に画工正、兵庫正を歴任して美濃介となったが、その曾孫の高岑、その子の高名は六国史に見え、更にその子の高実は『本朝世紀』の天慶五年（九四二）六月に左兵衛少志大神高実と見える。楽人関係で出てくる為遠・晴遠兄弟は高実の孫とされる（十一世紀初頭頃の人）。晴遠の子の惟遠（是遠）、その子の「是依—是行……」と続くが、この是行から以降は『楽所補任』に見えており、子孫は近世まで続いて喜多・西京・中などの諸家となった。

是依の弟、惟季は戸部正近の弟子となって笛を学び、雅楽允にもなったが、これが山井家の祖である。その猶子大神基政（もと石清水八幡宮の童子で、権寺主永尋の子）は横笛の名人で、雅楽属、左近将監となり、一者を十九年つとめ、大治二年（一一二七）には雅楽允、翌同三年には楽所勾当《こうとう》となった。天承元年（一一三一）には楽人として初めて従五位下に叙され、翌長承元年（一一三二）には従五位上に叙位、長承二年には口伝・故事などを整理して楽書『龍鳴抄』を著し、雅楽の隆盛に大きく貢献した。『古今著聞集』に大神基政の多くの逸話が収録されており、現存の『楽所補任』には基政からこの系統が見える。

室町前期の楽人たち、康安～永和年間の大神景継らは『後愚昧記』に見え、応永年間の左近将監大神景藤らの一族は、大神朝臣姓で『薩戒記』等に活動が見える（以上の大神諸家については、荻美津夫氏の論考「地下楽家大神氏の系譜とその活動」がある）。

楽人大神氏は、有名な高麗楽の「蘇志摩利《そしまり》」、一名「廻庭楽」を伝えた。朝鮮系の楽曲の伝来者であることも不思議だと松前健氏はいうが、宝亀年間に遣唐副使になって渡唐した大神朝臣末足（仲江麿の父）の後裔という事情も考慮される。楽家の祖・晴遠は、渡来系の秦氏からの養子という所伝もあり、そのせいかこの系統は姓を宿祢とも伝える。

また、『諸家系図纂』巻二九には、鴨関係社祢宜をつとめた大神氏の十七世紀代までの系図も所収される。その先祖については、永長元年（一〇九六。この年代には疑問もないでもない）八月に惣官正四位上になったという為高を祖としており、名前と年代からすると、上記為遠の孫くらいに為高が位置づけられるのかもしれない。

七　豊前及び豊後の大神氏

豊前宇佐の大神氏の動向

宇佐神宮の大神氏は、八幡宮創祀に関わる伝承をもつ大神比義《おおがのひぎ》を祖とすると伝える。その創祀の頃は大神氏は祝《はふり》、主神《かんつかさ》の地位にあり、奈良時代に祢宜、祝、大宮司を出して続き、平安初期には祢宜・大宮司をほぼ独占した。しかし、平安後・末期以降は宇佐氏に大宮司を譲るようになり、祝職など他の神職をもって数家に分かれ、近世まで続いた。「大神」は、大和ではオオミワと訓むが、九州では普通、オオガと訓まれてきた。豊前宇佐の大神氏の発生や祭祀過程はかなり複雑な模様であるが、天平勝宝元年（七四九）に、宇佐神官の大神氏では大神杜女《もりめ》、同田麻呂に対して大神朝臣姓を賜わった。

これら宇佐大神氏の祖先と伝えるのが大神比義であり、宇佐神宮では摂社の大神祖神社で祀られる。『高宮家系』に大神比義の名が見えるので、宇佐研究の大家で『八幡信仰』などの著書の多い中野幡能《はたよし》氏も、当初、これを採用して大和三輪氏の支流とみていた時があったと記される。同系図には比義について、六世紀中葉の欽明二九年に菱形山に八幡大神と神功皇后を奉斎したといい、比義以降の一族の男性神職には「宇佐神宮祢宜」などの記載があるが、これは当時の古代にはない語

（貞観以降の職名）であって、同系図の編纂はきわめて新しい時代のものである（『大美和』第七六号所載の論考）。鈴木正信氏は『高宮家系』が明治期の編纂だとみることは先に述べた。しかし、比義がそれまでなんら三輪氏の系図に見えなかったのかというと、このことはこれまで論証されていない。

中野氏が言う職名としての記事が妥当な「宇佐四姓系図」にも、比義の名は見える。だから、系譜の位置づけはともかく、比義の存在や活動した欽明朝を簡単に否定してはならない。中野氏が比義を和銅頃の実在の人物とするのは、比義の子が春麻呂とする「大神祝系図」「小山田家系」にとらわれていて、疑問が大きい。これら両系図とも、世代欠落や命名などで問題が種々見られるが、中野幡能氏の三輪・大神関係の系図理解には、総じて言えば、かなりの疑問点がある。

宇佐の祭祀や固有信仰については、実のところ、なかなか難しい。その本源がいま奥宮とされる馬城峯《まきのみね》（御許山）を巡るウサツヒコ・ウサツヒメによるシャーマニズム文化であったとしても、これがどの時期にどのように発生したのかを確認し難いと

宇佐神宮（大分県宇佐市）

いうことである。この祭祀を道教的韓国的なシャーマニズムと規定し、これを宇佐にもちこんだのが「渡来系」の辛島《からしま》勝一族とする見方もあるが、辛島勝は「スグリ（勝、村主）」のカバネを持つとはいえ、わが国天孫族の祖・五十猛神（スサノヲ神）を祖神と伝えて、系譜は宇佐国造の早期分岐だったとみられるから、これも説得力に欠く。

宇佐の八幡祭祀は神功・応神の伝承と結びつくことが多く、後世には「八幡大神＝応神」という見方さえ出て、それが中世には広く普及する。筑前国怡土の鎮懐石《ちんかいせき》八幡宮（福岡県糸島市二丈深江）の懐胎神話、同じく宇美八幡宮の応神生誕神話、同じく穂浪郡の大分《だいぶ》八幡宮の解散神話等など、筑前海岸部を中心に神功・応神伝承が多く見られる。

このため、韓地に対する国防問題の起こる欽明朝ころに、突如として神功・応神信仰が筑前海岸に起こったという見方がある。これは、神功が韓地遠征のため筑前国夜須郡に大神を勧請した故事につながり、大神氏と神功・応神信仰の結びつきが強かったとする。豊前宇佐は大宰府創設までは大和朝廷の九州基地だとして、辛嶋氏の文化で道仏的宗教文化の中心地の宇佐に、筑前の神功・応神信仰を大神比義が持ちこんだという見方である。しかし、欽明朝の八幡出現がそのように捉えられるかは、この見方の宇佐の政治的位置づけの過大さも含めて疑問が大きい。『書紀』には、宣化天皇元年（五三六頃）条に「那津官家」、推古天皇十七年（六〇九）条に「筑紫大宰」が見えるから、対外窓口は筑前にあった。

宇佐では、漸く和銅五年（七一二）になって、官社としての八幡宮を成立させた。その後の過程で鷹居社、小山田社など社地を次々と移転させて、最後に宇佐氏の聖地小倉山（小椋山、亀山）に入り宇佐神と合体したとみる見方もある。このようにみて、大神比義は僧・法蓮とほぼ同時代の人物とみる説もあるが、これも疑問である。

法蓮と大神比義とは明らかに別時代の人である。比義については異例な長寿伝承もあるが、宇佐での活動期は、鷹居社創祀以後の事象から推察するに、六世紀末から七世紀前半にかけての頃とする見方（逵《つじ》日出典氏）もあり、伝承どおり欽明朝としてとくに不自然さはない。法蓮の動きは『続日本紀』等に見えており、奈良時代初期に宇佐君の賜姓を一族と共に受けている。法蓮についてもう少し言うと、宇佐神宮の神宮寺であった弥勒寺の初代別当であり、英彦山などで修行した修験者でもある。大分県宇佐市近辺にいくつもの史跡・伝承を残すが、医薬に長けていたという功績で大宝三年（七〇三）九月に豊前国の野四十町を賜った。養老五年六月には、その親族に宇佐君姓が与えられた。

鎌倉時代後期の弥勒寺の僧・神吽《じんうん》法印は、少宮司家大神氏の出身（権祝少宮司の諸平の三男）であり、『宇佐託宣集』（正和二年（一三一三）成立）に応神信仰発生の時とこの神を官社にした時代を重ね合わせ、比義を日本道教の開祖仙人のように描き、比義は宇佐神宮下宮一殿に祀られる。こうした色彩があっても、大神氏自体が渡来系とみるのは無理である。

大神氏の祭祀関与については、比義の子孫の春麻呂（比義の子とする小山田氏の系図には、疑問が各所にある）は霊亀二年（七一六）の託宣で小山田社に移座、春麻呂二男という諸男は養老四年（七二〇）初めて御験を調進、神輿は大隅へと向かい、その子という田麻呂、杜女（毛理売）には「大神朝臣」の氏姓を賜わり、始めて「主神司、祢宜」に任ぜられた。これからは、祝、大宮司、祢宜は大神氏からの就任者が多くなる。宝亀八年（八二一）に始めて大神、宇佐二氏の詮擬があり、平安中期になって延喜二年（九〇二）に始めて宇佐宿祢夏泉が大宮司となって、それ以後は大神氏・宇佐氏が大宮司になったが、祝、祢宜（女）のほうは辛島氏を排除して大神氏が独占した。一方、田麻呂の子の種麻呂の子孫の弘宗より、小山田社司、装束所検校家が分かれたと伝えるが、この辺も含めて、宇佐大神氏の系図には親族関係や伝承にかなりの混乱がある。上記の所伝はその一例である。

宇佐大神氏の奉斎・関与した神社としては、行幸会八社では鷹居社・小山田社があり、このほか豊前国規矩郡の甲宗社（大神氏）、豊後国国東郡武蔵郷の椿社（安見氏）もある。

祝・大宮司職の大神氏は、摂関制が始まる頃から衰え始めており、宇佐神職としては次第に宇佐氏一族が優勢になる。天喜元年（一〇五三）の宇佐公則以来、大宮司職は宇佐氏に独占的に世襲されるようになり、大神氏の地位は大きく変化する。古代末から中世初にかけて、宇佐社家の移動が見られ、宇佐八幡支配下の荘園への進出では、日向の田部姓土持氏、筑前の宇佐姓益永氏、肥前の大神氏、豊後国大野郡の益永氏などの例が指摘される。

大神氏一族から大宰府につとめる者も出て、兵力も練った模様で、寛仁三年（一〇一九）の刀伊入寇のとき、大神守宮が筑前国志麻郡の船越津あたりの合戦で矢数多く、刀伊撃退に軍功があったとされる（守宮の名は、現伝の宇佐大神氏関係の系図に見えない）。

宇佐大神氏の系譜

宇佐の大神氏の現存系譜を見ると、仲哀天皇や神功皇后に側近く仕え北九州にも来た大友主命の子や孫からは、畿内を離れた地に三輪支流が出たようには伝えない。だから、欽明朝になって、比義が大和から遠い宇佐の地に突然現れる必然性に乏しい（蘇我氏により派遣ともいうが、根拠がない）。

そもそも、海神族系の三輪氏にあって、大己貴神ならともかく、比義が大和に居たのなら、なぜ八幡大神の出現に関与するのかという大きな疑問がある。このように、宇佐の大神氏について、大和の大神氏との系譜関係で古来から議論がある。三輪の大神神主家に伝わる『高宮家系』などの系図では、三輪と宇佐の大神とは同祖と記しており、これと同じ見解もあるが（重松明久氏など）、上記の疑問を解消できない。

太田亮博士は、宇佐大神氏の系譜が詳かでなく、むしろ豊国の大神部の後か、別姓で古くから宇佐宮に関係あってオホカミといったものか、と言う。すなわち、豊後国速見郡の大神氏に関係し、宇佐大神氏は「大三輪の大神とは別なりと考ふる方穏かなり」とみる。

奈良時代の宝亀四年（七七三）正月の「豊前国司解」（『石清水文書』）によると、その頃の大神氏の有力な根拠地が宇佐郡向野《むくの》郷にあったらしく、「宇佐郡向野郷戸主外従五位下大神朝臣田丸」と見える。「田丸」は、大宮司田麻呂のことである。その地が御許山東麓の杵築市山香町向野あたりとされる。平安後期の豊後国速見郡山香郷司を大神氏がつとめており、国東郡都甲荘《とごう》（豊後高田市の都甲川流域の荘園）とも関係が深く、この系統から中世武家の都甲・草場などの大神姓諸氏が出た。

山香の地から東南方へあまり遠くない地に速見郡大神郷（現・速見郡日出《ひじ》町東部の大神付近）があって、『和名抄』に見える。後世に大神邑というが、この地に大神田麻呂は関係したから、これが本貫の地ともみられている。この地には宇佐氏から分かれた大神氏（例えば大神君、大神部か）があって、その系統から大神比義が出たのではないかという推測である。この辺はあくまで推測であって、現存する宇佐氏関係の系譜のなかには一族に「大神」を名乗る者は見えないから、その場合でも直接の分岐ではなく、支流から派出した家になる。

比義が欽明朝の人ということで、宇佐大神氏では、同時代にあたる三輪本宗の特牛《ことい》君の兄弟に位置づけて、そうした系図を伝えたのではなかろうか。それが、江戸中期の『本系牒略』には比義が見えず、明治期になって編纂の『高宮家系』のなかに取り入れられたことで、比義系統の記事が出てくる事情かという見方である。『本系牒略』自体、記事がかなり不完全なものであって、これだけを根拠に否定的に論ずるのには疑問もあるが、一応、このような見方もありうるかということでもある。

九州の大神氏の分布―とくに筑前・豊前の大神氏

前項までの一応の整理にはまだ疑問が残るので、もう少し検討を加えてみる。

まず、西海道の大神の氏や地名については、筑後国山門郡と豊後国速見郡に大神郷がある。大宝二年（七〇二）の戸籍によると、筑前国嶋郡川辺里（現・糸島市馬場あたり）に「戸主大神部荒人」、戸口の大神部で合計十二名があり、同国那珂郡、現在の大野城市南西部の牛頸ハセムシ窯跡群から出土の刻書土器のなかに、「大神君、大神部」の文字も見える。

豊前国仲津郡丁里の大宝二年戸籍にも「大神部牧売」と「大神菟手」が見える。豊前関係では、宝亀八年（七七七）に京都《みやこ》郡の楉田《しもとだ》勝愛比が大神朝臣を賜わった。それに先立つ天平十二年（七四〇）九月には、藤原広嗣の乱に関連して鎮定側の楉田勢麻呂が京都郡大領外従七位上であった（『続紀』）。翌年三月には乱鎮定に功績の大将軍大野朝臣東人や額田部直広麻呂らとともに恩賞叙位があり、外従七位上楉田勝麻呂が外従五位下に叙されたから、両者が同人と分かる（従って、「勢」は「勝」の誤記ともみられるが、恩賞のときの記事に「勢」の字が脱落したものであろう）。年代的に見て、この「麻呂」の子が上記の愛比か。楉田は宇佐郡楉田村（宇佐市和気辺り）の地名に因む。豊後については不明だが、大神郷のない筑前や豊前にも大神関係者が見られるので、九州全体ではもっと数が多くあったろう。

ところで、神功皇后遠征の際に随行した三輪大友主が主体となって、筑前国夜須郡に於保奈牟智《おおなむち》神社（式内社。大神大明神）を創祀した。そのとき、当地に三輪氏の近親一族を遺さなかったとは到底、思われない。同社の神職は、初め大神氏であったが、近世になって松木氏に替わったとされ、これも本姓は大神氏であって、祖先が大三輪大伴君だと伝える。鎮座地は夜須郡雲提《うなで》郷に属するが、大和でもウナデ（高市郡雲梯郷。現・橿原市雲梯町）の地に事代主神を祀る古社（高市御県坐鴨事代主神社の比定社）があるから、三輪氏族の関与を認めてよいといわれる（以上は、『式内社調査報告』第二四巻の有川宜博氏の記事）。

当社は現在は大己貴神社の名で福岡県朝倉郡筑前町（旧三輪町）弥永の地に、大神山（標高二一三メートル）の西麓に鎮座する。北方三キロ弱には、神功皇后が登頂して周囲を展望したとの伝承もある目《め》配《くばり》山（標高四〇五メートル）もある。当社の西北約二十キロほどに上記の牛頸ハセムシ窯跡群があって、

大己貴神社（福岡県朝倉郡）

ここから出土した和銅六年（七一三）の銘があるヘラ書き須恵器には、「筑紫国奈珂郡手東里　大神マ得身」「大神君百江、大神マ麻呂」の文字が見える。後者のほうは、弥永の三輪氏一族かもしれない。大宰府史跡から出土した夜須郡関係の木簡にも、表に「夜須郡苫壺張」、裏に「調長大神マ道祖《ふなど》」（「マ」は「部」の略記）と見えるものがある（年紀は不記載も、内容等から養老初年（七一八）頃かと推定されている）。

筑後国山門郡の大神郷や、筑後に多い大神関係神社もこれら一族が拡散、繁衍した傍証ではあろう（「筑後国神名帳」に御井郡に大神神社、御井・三瀦・山門両郡に大神社の記載があることは既述）。後年であるが、筑前国那珂郡の筥崎宮神官にも大神氏があり（『式内社調査報告』第二四巻）、その神領文書や神領内訳書には大神氏（権大宮司大神朝臣）が見えて、後者の文政四年（一八二一）には「権大宮司大神丹後、祝部大神多門、権少宮司大神善吉」の名がある。鎌倉前期の貞応元年（一二二二）五月にも、権大宮司大神忠家が菅野村（筑後国三井郡。現・福岡県大刀洗町域）の地頭職を相伝とある（『姓氏家系大辞典』ハコサキ条3項、オホミワ条18項。『鎌倉遺文』）。鎌倉後期の正和元年（一三一二）十二月に筥崎宮権大宮司大神惟任（『鎌倉遺文』）、南北朝期の正平廿二年（一三六七）十二月にも権大宮司大神朝臣忠神が見えており（田中家文書）、これら大神氏一族は当地那珂郡で古代からの流れとされよう。

鈴木真年編の『諸氏家牒』下巻には「大神姓系図」を収め、これが大友宇志乃君から始まることにも留意される。その子の「毛呂宇志乃君―石床君―身狭乃君―曽乃君―葛子乃君―竹葉古……」と系がつながるが、これは主に九州系統の三輪氏の系譜ではなかろうか。石床君の名は『本系牒略』に見えず（『高宮家系』には見える）、同系図では「大友主命―志多留命―身狭」という形になっている事情もある（志多留や石床について、他の史料に見えないなどの事情で実在性を否定し、後世の創出とみる鈴木正信氏の見解は極論すぎる）。成務～神功皇后朝の大友主と反正～允恭朝頃の身狭との間に二世代くらいが入るのが妥当であるが、畿内の高宮家のほうでは志多留命一代しか記さないから、この時期の歴代が欠落するかとみられ、不明の系図を伝えた可能性がある。

この「欠落二世代」にあたるのが応神・仁徳朝の時期であって、この当時の族長歴代が欠落ないし不明となっている例が、中央豪族の大伴・物部・阿倍などの諸氏に見られる。これら天皇近侍の氏族は、応神の大王簒奪の時期に旧大王家の仲哀系統に属したことで、一時期、勢力を失ったのではないかとみられる。例えば、大伴氏では、現伝する殆どの系譜には応神・仁徳朝に当たる時期に二世代ほどの欠落があって、大伴・物部両氏の本宗の人々が記紀に現れるのは、五世紀中葉の履中朝あるいは允恭朝である。三輪氏についても、その例に漏れなかったということであろうか。

大和の三輪氏本宗のほうでは、志多留命の跡が石床、その子が身狭と本宗が続いても、上記王権簒奪の混乱などに因って、この歴代の記録が残らなかったのかもしれない（身狭より前の大神氏歴代を否定し、石床は大神氏の複姓氏族の祖として、三輪山祭祀の象徴の磐座をもとに創出された可能性が高いとみる鈴木氏の見方は疑問が大きい）。身狭とその後の特牛との間も、『本系牒略』及び『高宮家系』の記載では二世代の欠落が考えられるが、これは「宇佐四姓系図」により「都々古君―伊志美君」の二代を補うことができる。

「大神姓系図」では比義の名は見えず、曽乃君について比義の事績と同じ八幡神の記事が見えるが、曽乃君は比義と同人ではなく、その祖先であった可能性も残る。何が言いたいのかというと、筑前に残った曽乃君の子孫から豊前・豊後地域に遷った比義一族を出したのではないかという推測である（比義が後世に造作された名前の可能性も残る）。

宇佐の東隣の豊後高田市域には「ミワ（美和）」の地名が残っており（当地には海神社が鎮座）、豊後国速見郡の大神郷も、筑前からの比義一族の居住で生じたのではなかろうか。このように考えた場合、比義が大和三輪氏の特牛の兄弟ではなくても、大和三輪氏の分岐ということは妥当となる。すなわち、九州の筑前にあった三輪支族が宇佐氏と通婚して、その縁由で宇佐方面に遷住して八幡神を奉斎するようになった可能性である。

中野幡能氏は、「宇佐大神氏の源流は、神功応神という母子神信仰の最も強い地域が筑前であるので、大神は大神でも北部九州の「大神」であろうということが自然であろう」「熱烈に「大神」を愛した神吽《じんうん》ですら、大神比義の出自を明らかにできなかったことをみても、大和大神の本宗の系統ではなかったからではあるまいか」という指摘をする（「三輪高宮家系図と大神比義」）。基本的にはほぼ妥当な指摘であるが、以上で見てきた諸事情は、それでも宇佐大神氏が大和三輪の支族だと示唆する。

豊後の大神一族の活動

九州豊後の中部・南部の地域には、平安後期から中世にかけて活動が見える大神《おおが》一族という武士団があった。源平争乱期（治承寿永の内乱期）には、そのなかでも緒方三郎惟栄《これよし》（惟能、惟義、維良とも表記）がおおいに現れる。その活動は『平家物語』や『東鑑』など各種史料に見える。これらによると、緒方惟栄は武勇にすぐれ、豊後国大野郡の緒方荘（現・大分県豊後大野市の緒方地区〔旧緒方町〕）を本拠とし、祖母岳大明神の神裔という伝えをもつ大神大弥太惟基の子孫とされる。

惟栄は、平家全盛期に大宰府を押さえた平家、とくに重盛の家人であったが（『平家物語』に小松殿の御家人）、頼朝挙兵後の治承五年（一一八一）には、九州の武士たちに廻状をまわして反平家の連合をよびかけた。菊池氏・阿蘇氏などと提携して、その中心的な存在として軍事活動をした。一族の頭領として、兄弟の臼杵太郎惟隆・佐賀四郎惟憲らとともに豊後国の目代を追放し、寿永二年（一一八三）十月に大宰府に拠ろうとする平家軍を、日田・臼杵・稙田の諸氏や宇佐郡深見荘の宇佐盛広などとともに九州から追い落とし、平家方についた宇佐神宮に対しても、翌・元暦元年（一一八四）七月に焼討ちをかけた。源範頼軍の九州豊後での上陸にあたっては八二艘という多数の兵船を率いてこれを先導し、壇ノ浦合戦には源氏方の勝利に寄与した。九州方面の源平合戦で多大な貢献をしたといえよう。

この平家滅亡後に義経が頼朝と対立すると、文治元年（一一八五）十二月、義経西国落ちの際には、源行家らとともに惟栄はこれに加担する行動を取った。摂津国河辺郡の大物《だいもつ》浦（兵庫県尼崎市大物町付近で、淀川河口の要港）から義経一行は船出したが、遭難してしまい、その後の惟栄の消息は総じて不明である。系図の記事などでは、この関与で頼朝の怒りを買い、兄弟とともに上野国沼田へ遠流されたと伝えることが多い。最後は許されて故地に帰り、豊後佐伯に居たというが（途中で死没ともいう）、不遇のうちに没した。このため、大神一族の勢力も弱まるが、処罰対象が惟栄とその近親で、時期的にも限定されたため、惟栄の諸子の流れも含め大神一族の勢力は豊後に残った。守護大友氏の豊後入部に際しては、大神一族の一部は反抗したものの、大勢はそれに属するようになった。

緒方惟栄の先祖（一般に「四世代前」の祖とされる）という大弥太惟基には九人ほどの男子がいたと

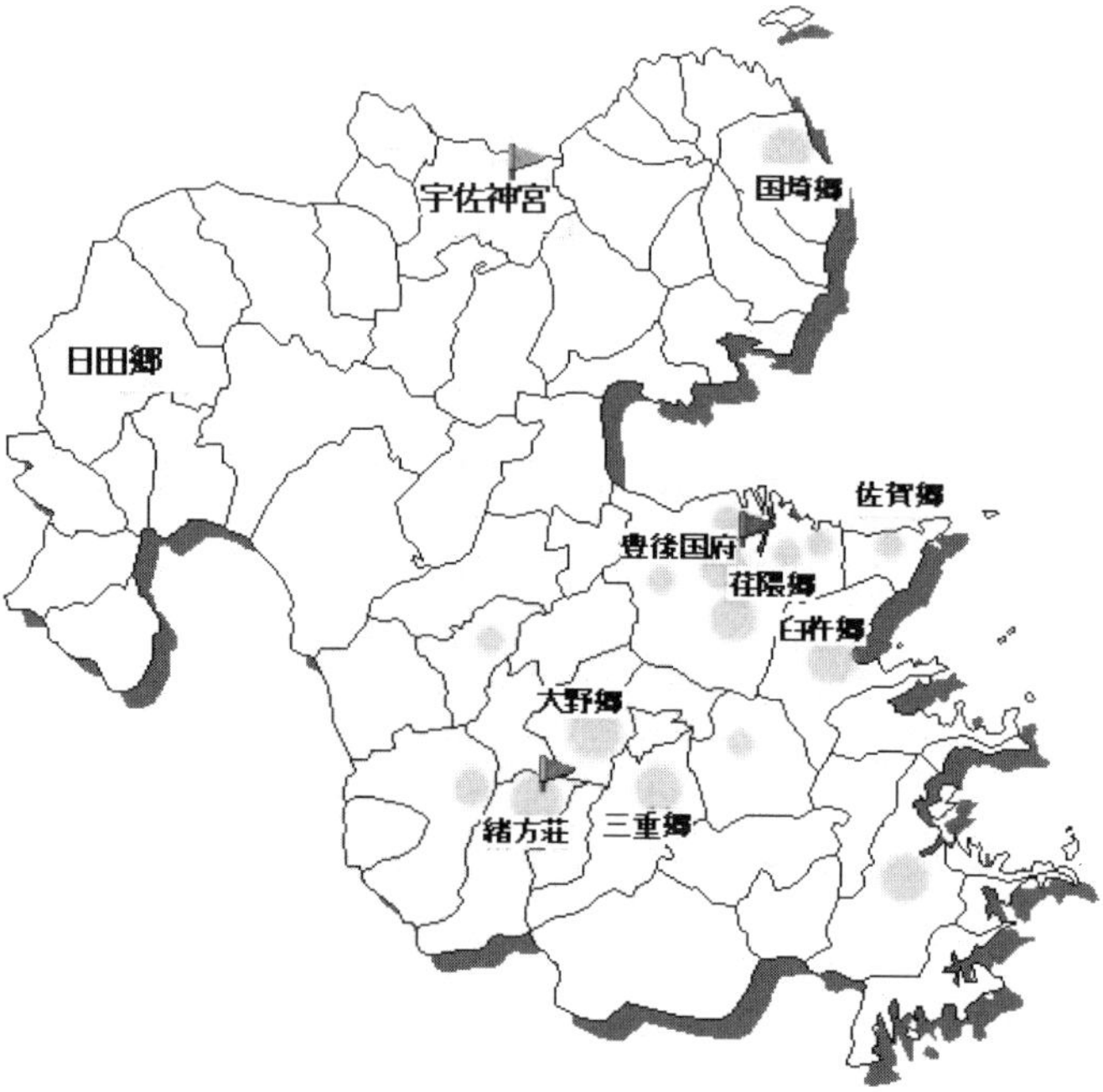

豊後大神氏の勢力範囲

伝える。彼ら諸子は豊後南部の要所各地に配置されて、各々が数代のうちに配置先のあたりを勢力圏内に収めたようである。惟基以後に一族は多く分岐していき、大分川・大野川流域の大野・大分・直入地方各地の開発領主となって勢力を拡大していった。この大神一族の拠点となった地域では、弓馬に得意な武者を生み出す伝統をもっていたことが、上記神婚説話の背景に考えられる。一族は豊かな土地や山林を領域にし、大野・直入の原野や高原に騎馬・兵を養ったが、その基盤には直入郡に官の牧のあったことがあげられ、それが天平九年（七三七）の『豊後国正税帳』などによって知られる。

『類聚三代格』巻十八の天長三年（八二六）条には「大野・直入両郡は騎猟の児を出す、兵において要となす」と見え、平安前期以来、馬を巧みに操りながら弓矢を射る「弓馬の士」を生み出した。ここで培われた武芸をもって、大神一族は豊後国衙や大宰府に勤仕し、各地の郷司・保司などの公職や荘官などに任命され、各々の地の有力者との婚姻なども通じて地域支配につなげていく。これに加え、沿岸部の佐賀関など海部郡も押さえて、強力な水軍も併せもち、良港によって海運業も行った、ともみられている。佐賀郷内の佐賀関半島の先端には、式内社の早吸日女《はやすいひめ》神社が鎮座する。佐賀関は古来、海上交通の要衝であり、その地を根拠とした佐賀惟憲（惟栄の弟）の動きが注目され、屋島や壇ノ浦などの戦いでは、源氏方の水軍の一翼を担った。海部郡には一族の佐伯氏も居た。

豊後大神氏と宇佐大神氏

豊後大神氏の一族が宇佐大神氏とどのような関係があったのだろうか。これについては諸説あるものの、豊後大神氏の先祖の出生譚には、地元豪族の姫と蛇神の間の子だと伝えるなど、大和三輪山のオダマキ伝承に通じるものがある。だから、豊後大神一族の出自について、学界等では多少の異説があることは承知していても、豊後国司の大神朝臣良臣の後裔であるとする系譜を、これまで私はあまり疑わないできた。

すなわち、『高宮家系』にあるように、九世紀末の豊後介大神朝臣良臣の子、庶幾《もろちか》の子孫で大和三輪氏の支流とする系譜がそれである。大弥太惟基の祖系の所伝では、三輪真神田君系の大神朝臣良臣は、仁和二年（八八六）に豊後介に任じられ、転任のときその善政を慕った領民の願いにより任地にその子の庶幾を残して、この者が大野郡領となり、その子孫の大弥太惟基が豊後大神氏の始祖となったとする系図が伝わる。

これに対して、宇佐神官大神氏の支流が転退して豊後へ移遷したものではないかとみる異説もある。地元で別府大学教授であった渡辺澄夫氏や宇佐八幡研究で著名な中野幡能氏が、こうした大神一族の宇佐神官出自説をとった。宇佐土着の豪族宇佐君氏に追われた神官大神氏の一部が、豊後国の中南部に移り勢力を張って、その独自性を示すために大和の三輪伝説を改編し、祖系を嫗岳大明神あるいは高千穂の神に結びつけた、とみるものである。これは、豊後大神氏が豊前大神氏を経るとの説であり、具体的には、豊前で宇佐神宮の創祀に関わった大神比義に始まり、同宮の祢宜職や大宮司職を世襲した大神氏が、宇佐氏と大宮司職を争って敗れたために豊後に土着したとみる。こうした推定には、具体的な裏付けがなされるわけではなく、具体的な系図も示されなかった。『宇佐大鏡』（宇佐神領大鏡）には緒方郷に宇佐宮の封戸が五十戸があったと見え、それが緒方荘として宇佐神宮の荘園になったが、そのことがただちに系譜につながるわけでもない。

この辺は、惟基の出自と深く絡むものであり、現に宇佐祠官大神氏の流れから惟基が出たとする系図も見られる（『諸氏家牒』所収の「大神姓緒方・藤林・上野系図」）。宇佐の大神氏には「惟」を通字とする系統もあり、大神一族が八幡神を祀る事情も、理由にあげられる（岡部忠夫氏『萩藩諸家系譜』）。しかし、当該系図は初期部分において具体的なつながりに不自然さがあり、大神一族が八幡神を祀ったのは確かでも、宇佐国造と同族にあたる九州在地豪族から豊後大神氏が出たとすれば、八幡神祭祀も決め手にはならない。たしかに、宇佐神官で「惟」を通字とする系統は、若宮神主矢部氏や今永氏に見られるが、それも平安後末期にほぼ限られる（『大分県史料』三十所収の「今永文書」大神氏系図）。だから、系図から見ても、宇佐神官大神氏の出という説は説得力がない。

総じていえば、大弥太惟基の系譜としては、大神良臣の後とするほうが、系図的に見ても地域的展開でも合理性があり、こちらを中心に考えるのが妥当である。なお、惟基について、承平天慶の乱の藤原純友の次将として『本朝世紀』に見える佐伯是基にあてる見方もあるが、これは時代的に大きなズレがあり（惟基の活動年代としては、十一世紀中葉頃か）、征討された賊将の後裔が現地に残って勢力をもち続けたことも考え難い。ともあれ、豊後大神一族が大神朝臣氏の出ではないという学説は、いまだ管見に入っていない。

ところが、肥後国内には古代火君族裔かとみられる神官家の緒方・尾形諸氏がかなり多く見られる（『肥後国誌』や宝暦年間とみられる「肥後国中寺社御家人名附」）。それとともに、古代の大分国造の主領域において、そのまま豊後大神一族が繁衍した事情もある。だから、大和の三輪君同族とする系譜も所伝の形では信拠せずに、十分に検討する必要がある。

祖母岳大明神の神裔という伝承

緒方惟栄の祖先、大弥太惟基については、祖母岳大明神の神体の蛇が化身し、身分を隠して大野郡領の塩田大夫（大太夫ともいい、一に当地に配流の藤原伊周公ともいう）の娘（名を花御本《はなのもと》ともいう）に通って、その間に生まれたとの伝説が『平家物語』や『源平盛衰記』『豊後国志』などに見える。この祖母大明神神婚伝説は、豊後に伝わる三大伝説の一つともいう。

祖母山

『平家物語』の巻八「緒環《おたまき》」の章によれば、長者の娘に夜な夜な身元不明の男が通ってくるので、母親が緒環（紡いだ麻糸を花の形のように丸く巻いたもの）の糸の通った針を男の襟にささせて、その糸をたどったら、嫗岳の大きな岩屋の中まで糸が続いていて、男の正体が祖母山の大明神の大蛇だと分かった。娘が男の姿を見たいと求めると、岩屋の奥から姿を見せ、それが嫗岳の主の巨大な大蛇で、針が喉笛に突き刺さっていた、とされる。

惟基については、「あかがり（赤雁、皹）大太」という通称があり、「恐ろしきもの」であり、「日向国にあがめられ給へる高知尾《たかちお》の明神（姥嶽《うばだけ》・嫗嶽の大明神）の神躰」たる大蛇と人間の女性との間に生まれ」、父神みずからが「弓矢打ち物とって九州二島にならぶ者あるまじき」男子になると保証したと伝える。その末裔が惟栄であったし、「緒方・尾形」はこの伝承の蛇体に由来する（金関丈夫氏は、宗像は胸の部分に入墨、尾形は尻の部分に蛇の入墨をしたことに由来するとみるが、目方（目賀田）や胸像は入墨であろうが、尾形は入墨ではなく、祖神の尾の形そのものではなかろうか）。

上記の伝承をもう少し具体的に地理に即して見ていくと、大分県竹田市神原にある穴森神社と同県豊後大野市清川町宇田枝の宇田姫神社及び萩塚という、かな

穴森神社（藤島寛高氏撮影・提供）

り広域にまたがる。前者は旧直入郡の入田郷域、後者は旧大野郡の緒方郷域となる。穴森神社は「嫗嶽大明神の化身の大蛇」が住んでいたという岩窟を神体とし、古くは水を満々と湛え「池明神」と称した。花御本の出産の地が「萩塚」である。この伝説は即ち祖母山信仰であり、その山の祭神は豊玉比売とされ、神武天皇の祖母に当ることで「祖母山」と号したと伝える。

豊玉比売を祭神「嫗嶽大明神（祖母嶽大明神）」として信仰を集めるのが神原の「神原山」にある「健男霜凝日子《たておしもこりひこ》神社の下宮」である。神原山について、『豊後国志』は、直入郡の入田郷の嫗嶽北山足に在って、巨岩窟の中に祠が有り、……嫗嶽之嶺にも一石祠が有ると見える。健男霜凝日子神社は、祖母山山上の石祠を「上宮」にし、下宮の神原の遙拝所を含めた総称で「嫗嶽神社」ともいう。延喜式神名帳に登載の式内社であり、『続日本紀』などにも見える。古来より晴天降雨、気象祈願の神社で、この三社に穴森神社、宇田姫神社を加えて、大神惟基を祖母嶽大明神の化身の子とする伝説が伝えられる。

蛇体の神と娘が交わり子を産む「神婚説話」は、「記紀」等に見える三輪山の神などの神婚説話に通じる。蛇体の神の子という惟基が大神氏を名乗り、さらに緒方氏の祖となるという筋書きは、三輪氏の説話と類似するから、惟基の一族が大神氏を名乗ったところで、大和から導入されたのではないかとみられてきた。

問題は、祖母岳大明神伝承に拠るかぎり、大神大弥太惟基が「大神」という姓氏を名乗る事情が分からない（大明神の子というのは姓氏の由来にはならない）から、姓氏はなにに由来したかということである。その場合、A祖母岳大明神ないし高知尾明神の子というのが、惟基の遠い先祖で、本来は大和の磯城地方に在った上古伝承が子孫とともに豊後までもたらされたもの、あるいはB豊後在地の者ならば、現地の祖母岳大明神ないし高知尾明神の子孫と称して竜蛇信仰をもつ者が大野郡の長者の娘に婿入りし、長者の姓氏が「大神」であった、という二つのケースが考えられる。この伝承に仮に史実の原型があるとしたら、ということではあるが。

さらに系図や地域に即して具体的に考える必要があるが、豊後における当該伝承は、おそらくBのケースであって、大野郡緒方郷の長者というのが大神朝臣良臣の子孫にあたり、その家の娘に直入郡の祖母岳大明神の子孫という者（とりあえず、姓氏は不詳としておく）が通婚したというのが史実としての原型ではなかろうか。「大神朝臣」は、いわば婿入りして、母系の姓氏を冒したと考えるわけである。

これは、私が各種史料を総合的に考えた推案であるが、既に明治期に鈴木真年の『史略名称訓義』の尾形維義条の記事に同様な見方が示される。そこでは、「家伝に祖母嶽明神が庶幾の娘に通じ輝大夫を産むと云う」とあると紹介しつつ、真年翁は、「上世に大三輪の神が三嶋溝咋耳の女に通婚したまうという故事の紛れたるにあらざるか」とみている。

祖神たる健男霜凝日子神の実体

祖母大明神について更に見ておく。直入郡の健男霜凝日子神社は、当地の大分国造の祖系に結びつく模様である。

大分国造は、「国造本紀」には条立てがなく、火国造条に「大分国造と同祖」と見えるだけである。ここでは詳細な記述は省くが、健磐竜命を祖とする阿蘇国造とも同祖であって、健磐竜命は、『円珍俗姓系図』に伊予の御村別君《みむらわけ》の祖とされる武国凝別命《たけくにこりわけ》（『書紀』に景行天皇の皇子とされるが、系譜附会）

とも同人である。この者こそ、祖母明神の健男霜凝日子神の実体であった。健磐竜命は名前のとおり竜蛇神であり、大弥太惟基の生母・花御本のもとに通ったのが、その後裔の大分国造一族から出た者であれば、伝承のすべてがほぼ符合する。祖母山の神の実体は蛇（竜体）といわれ、後世に緒方惟栄一族の祖先を大神氏と称することで、三輪山の神の伝承に影響されたが、本来は三輪とは別神・別系の竜神であった。健男霜凝日子神社には、祖母山頂に石祠の上宮があった。

阿蘇では「霜神」を祀るが（霜神社、霜宮）、その霜神のことでもある。「異本阿蘇氏系図」には「武国竜命、又称高知保神」という神も見えており、日向の高知保（高千穂）氏も大神惟基の子孫のなかにあった。大分国造の中心領域は、古国府に近い大分郡の稙田《わさだ》辺りから賀来《かく》辺りまでの地とみられるが、緒方一族の大神忠綱が稙田の地を鎌倉前期に支配していた。その勧請と伝える稙田庄総鎮守の稙田大明神（大分市上宗方）は、素戔嗚尊・霜凝日子神等を祀る。これと対置して下宗方には歳神社があるから、ここでも阿蘇の祭祀を思わせる。賀来にも緒方一族の賀来氏が居たが、当地の賀来神社は、仁明天皇の承和三年（八三六）の創建と伝える古社で、阿蘇神の建磐竜命を祀る。海部郡の佐賀関にも緒方一族の佐賀氏が居り、建磐竜命を併せ祀る早吸日女神社がある。

阿蘇神と豊後大神一族の共通点は、射矢伝承にも見える。阿蘇神の健磐龍命は、阿蘇五岳の往生岳に腰をかけ、北外輪山の大石（的石）めがけて弓矢の稽古をしたという伝承がある。緒方惟栄にも射矢伝承があり、旧緒方町の宮尾（豊後大野市緒方町宮尾）にある元宮から矢を射て、第一の矢が落ちた所（久土知）に一宮、第二の矢が落ちた所（原尻）に二宮、第三の矢が落ちた所（上自在）に三宮を、治承二年（一一七八）にそれぞれ惟栄が建立したといわれ、元宮及び緒方三社は今も当地域の人により祀られる。しかも、一の宮社には仲哀天皇、二の宮社には応神天皇、三の宮社には神功皇后が祭られるというから、まさに中世の宇佐神宮で祀られる神々である。大神一族の大野安基（泰基）が、建久二年三月に大野の上津《かみつ》八幡宮（豊後大野市大野町片島）の宮司職兼帯の文書が残り、速見郡日出町の日出若宮八幡を緒方惟季が勧請した社伝など、大神一族の八幡祭祀も著名である。

健男霜凝日子神は、他の地域には見えないが、近江国坂田郡の息長氏がその西南麓に住んだ伊吹山の神が大蛇（竜蛇体）だと伝え、日本武尊が伊吹山の荒神が化した大蛇と遭遇した伝承が残る。その神の名とされる多多美彦命が霜速比古命の子で夷服《いぶき》の岳の神だと『帝王編年記』養老七年条に伝えるのも、健男霜凝日子神に通じる。九州が起源の息長氏は、九州から遠く近江まで、その祖神の霜神を携えて祭祀したことになる。

臼杵の石仏が示唆するもの

緒方一族が繁衍した地域には、仏像の様式などから見て、平安時代後期頃から築造されたとみられる多くの石仏群がある。そのなかでも代表的なのが国宝指定の「臼杵石仏」であり、質・量・規模ともわが国を代表する石仏とされる。この臼杵石仏は、大分県臼杵市深田の丘陵の山裾の谷間の露出した凝灰岩に刻まれた磨崖仏群（四群六十余躯）であり、平安後期から鎌倉時代にかけて次々と彫られた。この地には平安後期

臼杵石仏

に緒方惟栄の父祖とされる臼杵氏があったから、緒方一族との関連が窺われる。

緒方一族は臼杵石仏を始めとする地方文化を築きあげたとみられている。一族の三重氏が居た大野郡三重郷（豊後大野市三重町）にも、平安時代後期に制作の菅尾《すがお》石仏（国史跡）がある。大分市内にも、上野丘台地の東端の崖に大分元町石仏があり、その西南近隣に岩屋寺石仏もあって、近くに高良社（祭神は天孫族祖神）が鎮座する。市内には高瀬石仏もあり、これらには稙田氏一族の関与がいわれる。豊後大野市緒方町には緒方宮迫石仏がある。

臼杵石仏の近隣には少彦名神等を祀る臼杵神社があり、その境内に短甲形石人二基をもつ臼塚古墳（臼杵市稲田）がある。これは、筑紫君磐井の墳墓とされる岩戸山古墳など北九州に多く見られる石人石馬の像にもつながり、その分布のなかに数えられる。こうした石造技術は古代からのものであり、平安後期に始まったものではなかった。

上古九州の大族を見ると、阿蘇国造・火国造・大分国造などは、多くが神武天皇の皇子の神八井耳命の後裔で多臣の同族という。しかし、阿倍氏族の出という系譜をもつ筑紫国造も含めて、これらはみな、系譜仮冒だと考えられる。実際には、殆どが宇佐八幡神たる五十猛神を祖神とする天孫族（天皇家や物部氏と同族）の出であって、少彦名神の流れを汲む宇佐国造の支流であった。少彦名神の後裔氏族には、全国的に見ても鴨県主氏などで巨石祭祀・石神信仰が顕著に見られ、優れた石造技術を持っていた。

宇佐の巨石祭祀は、始源地の御許山《おもとやま》の巨石にも現れるし、その東方近隣の国東半島にある豊後高田市真玉町の猪群山《いのむれやま》巨石群や国東市国見町竹田津の元宮巨石立石でも見られる。阿蘇にも有名な「押戸石《おしとのいし》」（阿蘇郡南小国町）という巨石祭祀遺跡がある。直入郡や大野郡にも石神信仰があり、大分市中心部の碩田には石鎚神社がある。石鎚神は四国の愛媛県西条市西田にあるのが本山で、石鎚山を神体とする。西条市で祀られる石土毘古大神は金峯権現の降臨伝承から少彦名神に通じるが、伊予の御村別君氏（伊予国造族）の祭祀とみられる。豊後大野市緒方町域の御嶽山には、金峯権現たる少彦名神を祀る御嶽神社がある。

以上に見るように、豊後大神一族には祭祀や伝承・石造技術などから見ても、少彦名神系の豊後古族の末流を示唆するものが多いから、実際の系譜・出自は大分国造族の後裔とするのが比較的自然である。最初に見たように直入郡に官牧が設けられ、その関係で当初の本拠地たる大分郡から直入郡入田郷に移遷してきた一族が次第に武士団として成長し、大和の大神朝臣の血を引く模様の大野郡領家との通婚なども併せて勢力を増大させ、緒方惟栄などの豊後大神一族に発展したとみられる。これが一応の結論である。

八　大和の賀茂氏

三輪氏の大きな分流として、大和西南部の葛城地方に主に展開した鴨君氏がある。それが賀茂朝臣姓となって近世まで官人で長く続くが、その動きを簡単に見ておく。

鴨君氏の発生

鴨君氏の系譜については、『書紀』神代紀の一書に大三輪神の子は「甘茂《かも》君等、三輪君等、また姫蹈鞴五十鈴姫命なり」と見え、『古事記』にも意富多多泥古が「神君、鴨君の祖」と記される。『姓氏録』や「地祇本紀」の記事ともあわせて、鴨君が大田田根子の子孫から出たとする系図関係史料が多い。一般に氏祖の大賀茂都美命《かもつみ》（大鴨積命）は、『姓氏録』や「地祇本紀」では大田田根子の孫におかれて、大友主と兄弟とされたり、『粟鹿大明神元記』では大田田根子の子におかれるから、そのように受けとられがちだが、活動年代等の観点から十分チェックする必要がある。

先に見た大賀茂都美命の子の活動記事や、大賀茂都美命の兄弟とされる大多彦命の『粟鹿大神元記』に見える記事内容などからしても、大賀茂都美命・大多彦命の兄弟は主に崇神朝の活動が考えられる。そうすると、三輪同族の鴨君の発生は崇神朝としたほうがよい。

鴨君の本拠地となる奈良盆地西南部の葛城地方には、もともと先住の鴨県主一族の先祖が居た。鴨族移遷先の山城国の葛野地方には崇神朝頃からの前期古墳（向日丘陵の五塚原古墳など）が知られるので、この先住部族は崇神前代には遷住していた。大田田根子の母・鴨部美良姫が鴨県主先祖の娘と伝えられており、大賀茂都美命もおそらくその同母弟としてあって、外祖一族の領有地域を受け継いで鴨君氏が発生した。同じ「カモ」を氏の名としていても、男系では系統が異なるので、混同には注意したい。

地祇のカモ君氏

鴨県主の先祖が山城に遷った跡地に入ってきたのが大賀茂都美命で、この者は、「賀茂神社」を奉斎して鴨君の初祖となった（当該社について、佐伯有清氏は葛城の下鴨社のほうとみるが、「児島系図」では「高賀茂神社」とする）。全国に分布する「カモ」氏には、大別して天神（天孫）の鴨県主と地祇の鴨君の系統があり、天長十年（八三三）の『令義解』「神祇令」では、天神の山城の鴨と地祇の葛木の鴨とを峻別する。葛木の鴨は、大神・大倭や出雲の大汝神等の類（すなわち地祇）とされるから、

高鴨神社（御所市鴨神）

これらを混然と考えないように十分留意しなければならない。全国に分布する「鴨」は、総じて天神（天孫系）の鴨とみられる。

鴨君氏は葛上郡鴨（現・奈良県御所市）あたりを本拠地として、一族は葛城地方で繁衍し、郡内各地に祖神の味鉏高彦根命や事代主神などを祀った有力社を祭祀した。鴨の地にある高鴨神社は代表的であるが、葛城地方でその主なところを見ると、次のとおり。
①高鴨神社（御所市鴨神字捨篠）　式内名神大社として、高鴨阿治須岐詫彦根命神社といい、従一位の神階をもつ旧県社である。祭神は神社名どおり、味鉏高彦根命。高鴨社（捨篠社）と呼ばれ、全国鴨神社の総社と称される。
②鴨都波八重事代主神社（御所市御所）　別名を下鴨社といい、三輪神社別宮で、事代主神を祭神とする式内社で、高鴨社とともに旧県社である。創祀は崇神朝に大鴨積命が葛木の地に奉祀したと伝える。
③葛木御歳神社（御所市東持田御歳山）　別名を中鴨社といい、祭神は御歳神とされるが、味

葛城御歳神社（御所市東持田）

鉏高彦根命の同母妹高照姫（下照姫ともいう）も祀るという。鴨一族の三歳祝《みとし》が奉斎したが、この氏は『姓氏録』大和未定雑姓（意富太多根子命の後）にあげられる。

高照姫は、式内社の長柄神社（御所市名柄）や雲櫛社（大倉比売神社。御所市の古瀬と戸毛に論社あり）でも祀られるが、天稚彦の妻で鴨県主らの祖・少彦名神の母でもある。葛上郡には式内社の大穴持神社（御所市大字朝町）もある。同社はいま、祭神を大己貴命として、摂社阿須伎彦根命神社、事代主命神社、阿須伎速雄命神社、高照比売命神社をもつから、この大穴持とは「出雲の大穴持」で、味鉏高彦根命の子神とみられる。

『続日本紀』天平宝字八年（七六四）条には、雄略天皇と葛城山で争って天皇により土佐に流された高鴨神が、法臣円興・賀茂朝臣田守らの奏上により葛上郡への復祠を許されたことが見える。ここでは、高鴨神が賀茂朝臣の祖とされ、味鉏高彦根命にあたるとみられており、『延喜式』神名帳に「高鴨阿治須岐託彦根命神社四坐」と挙げる。この伝承には既に混同が見られる。雄略と葛城山で対応したと伝えるのは「一言主

一言主神社。水田の中に参道の並木が続く

神」であって、こちらは賀茂朝臣の祖ではない。高鴨神は土佐に鎮座しても、それは配流されたのではないし、一言主神も記紀の記事では雄略との融和は記すが、流されたとは記されない。

「一言主神」は葛城の地主神としてあり、式内社の葛木坐一言主神社（御所市森脇）がある。この神が猪の姿で現れて雄略天皇と対峙した伝承が記紀共にに見える。この神は、発音が似通う「事代主神」や味鉏高彦根命に当てられることが多く、土佐国一宮の土佐神社では祭神が一言主神で後者のほうとする。しかし、「猪神」の意味については、伊吹山の神が日本武尊に対し巨大な牛のような猪の姿を示したことも伝え（『古事記』）、和気清麻呂の危難を猪の大群が救った伝承からも、これらの祖神少彦名神の表象化とするほうが妥当であろう（『書紀』では霊鳥の先触れで出現とも見える）。鎮座の地、高宮が葛城氏の本拠地で、古くから葛城氏が奉斎したとみられるから、葛城国造や鴨県主族の祖・少彦名神の別名が一言主神ということになろう。同社神殿の背後の山中には磐座がある。

その一方、三輪氏本拠の磯城郡にあっても、国津神社の宮座に賀茂氏があった（『奈良県の地名』）とされるから、このあたりにも所縁関係者を残した。だから、太田亮博士がいうように、三輪君と鴨君とは本来、別族だといえるはずがない。

『姓氏録』逸文（鴨脚《いちょう》家残簡）には、「賀茂朝臣本系」という系譜が見える。それに拠ると、大賀茂都美命（大賀茂足尼）の孫の小田々足尼と大等毘古（伊賀の鴨藪田公の祖）兄弟の子孫の系譜が記載される。小田々足尼の子孫は、大和や伊予、阿波、讃岐、土佐、遠江などに分布する諸氏（鴨部首、酒人君、賀茂宿祢、鴨部、役君、賀茂伊予朝臣、賀茂首）となり、そのうち賀茂宿祢氏は天武十三年（六八四）などに賀茂朝臣を賜姓したことが記事に見える。小田々足尼の父の名についてはこの記事に見えないが、この系統は鴨君の傍流とみられるから、鴨君本宗の大野宿祢の弟の久努足尼がそれに当たるか。

鴨君氏本宗は、壬申の乱の功臣である鴨君蝦夷を出し、天武十三年には賀茂朝臣を賜姓した。蝦夷の娘、比売は淡海公藤原不比等の室となり、宮子を生んだが、宮子は聖武天皇を生んでその後の藤原氏躍進の基礎を作った。宮子の兄弟の吉備麻呂は、遣唐使（粟田朝臣真人が正使）の一員となって唐に渡り、帰国後は累進して播磨守、按察使などを歴任し従四位下まで昇進した（吉備真備と混同されるが、まったくの別人）。この子孫に陰陽道の賀茂氏が出ており、吉備麻呂が在唐中に天文道・暦道などを学んだ可能性もいわれる。上記の高鴨神を葛上郡に復祀して、その後に播磨守となり高賀茂朝臣姓を賜った賀茂朝臣田守（吉備麻呂の孫か曾孫）やその兄で道鏡腹心の法臣円興（元興寺の僧で大僧都）もいた。

陰陽道の賀茂氏

賀茂朝臣氏は、平安時代中期には陰陽博士、丹波権介の賀茂忠行を出しており、忠行は優れた陰陽師で、陰陽の家としての賀茂氏を確立した。逸話は『今昔物語集』にも見える。その弟子・安倍晴明が興した安倍氏と並んで陰陽道の宗家となり、子孫は永く暦道を伝えた。賀茂忠行の子には、家業を継いで陰陽頭・従四位上となった賀茂保憲や、儒学者に転じた大内記の慶滋《よししげ》朝臣保胤（『池亭記』の作者）がいる。賀茂峯雄の娘、貞子（忠行の叔母か）は正五位下掌侍で清和天皇の宮人として源長猷等を生んでいる。

室町時代には、賀茂氏嫡流が従三位ないし従二位の非参議に昇進し、勘解由小路《かでのこうじ》家を称して堂上家となり、代々陰陽頭を務めたが、戦国時代末期の十六世紀中頃に在種が若く横死して、家が断絶した。

この支流に出たのが、徳川家康の先祖、松平太郎左衛門尉親氏（ないし、その義弟の太郎左衛門尉泰親）の父系だともいうが、おそらく系図附会であろう。松平氏が賀茂朝臣姓を名乗ったことは、岩津の妙心寺の由緒書上に見え、信光の自筆記事などで「加茂朝臣」と見えるが、祖系は実際には上古美濃にあった鴨県主一族のほうの流れと推される。

賀茂庶流の幸徳井《こうとくい》家は、興福寺大乗院に属した占い師の家であり、江戸時代も地下家として続いた（実系は安倍氏から養子が入ってつながる）。江戸時代初期には陰陽頭を務めるが、幸徳井友傳の死後、安倍氏系の土御門泰福《やすとみ》に陰陽道宗家の地位を奪われ、江戸中期以降は陰陽助を務めて続き、明治に至った。

九　宗像氏など地方の主な三輪支流

信濃や但馬などに展開した神部直氏

大田田根子には子とか孫として系図に見える「オホタヒコ」とか「タタヒコ」という似たような名前の者がいて、神部直（神人部直）の祖とされる。その一人が大友主の弟とされる田田彦命であり、その曾孫が雄略朝に供奉した熊鷲で、熊鷲の弟が猪子で楉田《しもとだ》勝姓を負うとある。

楉田勝氏は豊前の居住で、後に大神楉田朝臣姓を賜るが、これらの系統については、由来や遷住の経緯がなんら見えない。熊鷲の孫の加留は近江神人部の祖で、その弟の多祁古《たけこ》は用明天皇のときに信濃に下向して武水別神社（更級郡の名神大社で、千曲市八幡に鎮座。千曲川の水神を祀るものか）を奉斎し、その子孫が埴科郡の郡領家となった。多祁古の五世孫の子忍男《こおしお》は『万葉集』巻廿に防人歌の作者とし

武水別神社（長野県千曲市）

てあげられ、「主帳埴科郡神人部子忍男」と見える。その子孫は戦国末期まで続いて、宮本・今井を名乗り、系図を伝える（『百家系図』巻五一に「宮本系図」が所載。出典は「信濃国埴科郡今井村神人部氏」の系図の模様）。

もう一人が、先に取り上げた『粟鹿大神元記』に記載の「粟鹿系図」で大田田根子の子におかれる大多彦命であり、但馬・石見や吉備あたりに子孫が展開したと伝える。これも、とくに裏付け史料がないから、系図の簡単な紹介にとどめざるをえないが、大多彦命の子の大彦速命は、垂仁朝に但馬国朝来郡に下向して粟鹿大神を祀ったといい、その子孫は当地に根付いて粟鹿神社（兵庫県朝来市山東町粟鹿。出石神社と並ぶ但馬国一の宮）に奉仕し、その十二世孫ほどの根閇《ねまろ》（斉明～天智朝頃の人）に至った。根閇が新羅に征討将軍として派遣された三輪君根麻呂に当たるという記事もあるが、これは溝口睦子氏もいうように同名の別人にすぎず、当該記事は信頼できない。この氏と粟鹿社を現在まで奉仕する但馬国造一族との関係は不明である。根閇の子孫も系図に見えないから、所伝の経緯も不明である。

粟鹿神社（兵庫県朝来市山東町粟鹿）

大多彦命の後裔系譜について、他の史料等とチェックできる要素は殆どないが、古代氏族としての世代チェックは可能であり、多少の問題点があるものの、総じて言えば、古伝としてほぼ信頼できそうである（問題点の第一は、大彦速命の曾孫の速日のときに「神部直賜姓」が妥当としても、その時期は「磯香高穴穂御宇天皇御世」ではなく、仁徳朝ないし允恭朝頃であろう。第二に、速日の子の忍《おし》が「磐余稚桜宮御宇息長大足姫天皇御世」に活動とあるが、「磐余稚桜宮御宇天皇」とは履中天皇とみられる。忍の但馬国造就任も疑問な記事である。第三に、忍の子とされる伎閇《きへ》は、両者の母が姉妹〔名前から見て同母姉妹か〕と伝え、実態は兄弟とみられる。以上の諸点を調整すれば、この系統の系譜は世代的にもほぼ問題がないと考えられる）。

大彦速命の弟の大主命は石見国大市（邑智）郡及び美作国大庭郡の神直や、吉備国でも品治部・葦浦君を出し、その弟の水練命は景行天皇の筑紫巡狩のときに随行して神事で奉仕して、的《いくは》大神直（「的」は筑後国生葉郡を指すか）や倭三川部（後に倭三川君）などの祖になった、と系図に見える。「三川」は但馬国美含郡三川（現・兵庫県美方郡香美町香住区三川。角見川山〔三川山〕の麓）辺りとみられ、式内社の美伊神社（三川権現社）が鎮座し、粟鹿神社の北西方向に位置する。大主命・水練命兄弟の後裔諸氏は現存史料には見えないが、石見国安濃郡邑陁郷《おおた》の喜多八幡宮（現・大田市大田町神西山）の境内社、地主神社は邑陁郷を拓いたという大田彦命を祀ると伝えており、これが上記の大多彦命に当たるか。

大彦速命兄弟の活動期は、実際にも垂仁・景行の両天皇が兄弟だから妥当と思われ、その父の大多彦命の活動期は崇神朝とみられる。大多彦命の妻は、穂積朝臣等の祖・内醜男《うつしこお》命の娘・玉降姫と見えるが、妻の兄弟には大水口宿祢がいた。同人は崇神紀七年条に見えて、大田田根子を大物主神の祭主とするように示す夢を見たことが記される。

これらの諸事情から、大多彦命は大田田根子の子ではなく、弟の位置におくのが妥当となり、これは、鴨君の祖・大鴨積命と同様の対応で、系譜の位置づけ変更が必要となる。

粟鹿大神の実体

但馬の粟鹿社に祀られる粟鹿大神の実体は何者なのであろうか。いま同社では、祭神を彦火々出見尊（神武の実際の父神）あるいは日子坐王とする。日子坐王は四道将軍の一で丹波道派遣に向けられ、但馬国造や日下部君の祖とされるから、このほうがよさそうであるが、境内摂社にある厳島神社（祭神が市杵島姫命）、稲荷神社（同、保食神）、床浦神社（同、大己貴命）及び猿田彦神社（同、猿田彦神）から見て、粟鹿社が海神族系の神社と示唆される。社伝でも、中社に竜神（女体神）ほか一神、下社に豊玉姫神ほかを祀るともいう。

『粟鹿大神元記』では大国主命の子の阿米美佐利《あめみさり》命を粟鹿大神として、大国主の後裔の神部直が当社に奉仕したと見える。同書では、阿米美佐利命の弟におかれる久斯比賀多命の後裔、大彦速命が垂仁朝に来て、荒ぶる神を鎮め祭祀に関わったとするが、この所伝は総じて妥当であろう（註に見える崇神天皇御代に、その父の大多彦命が命を受け大国主神の魂を携えて出征し、但馬国朝来郡の粟鹿村に宿住した、との記事と重複するが、子の大彦速命の事績の重複か、親子が一緒に来住したかのいずれか）。ただし、この系統が但馬国造になった点や、和銅元年（七〇八）八月という同書の成立時期には疑問がある。但馬国造の祖・彦坐王自体が磯城県主同族で海神族の流れを引いていた。粟鹿社の主祭祀者が何時、どのような形で但馬国造族の日下部君氏（後に宿祢姓。越前の大族朝倉氏などが後裔）に変わったのかも不明である。

『元記』記載の系図では、阿米美佐利命を大国主神の長子のように位置づけ、久斯比賀多命（櫛御方命）・姫蹈鞴五十鈴姫の兄のように記すが、この辺の系譜には齟齬が多い。総合的に考えてみると、粟鹿大神とは、出雲の大国主神の子孫で、櫛御方命の祖先とみるのが穏当な位置づけとなろう。粟鹿大神が祟って、行く人々の半数を殺すとの記事を見ると、他書には見えない「阿米美佐利命」という名で顕れる粟鹿大神には、三輪山の神・大物主神と似通った性格があり、その同体の異名かとみられる。『播磨風土記』には穴禾郡石作里の阿和賀山に伊和大神の妹、阿和加比売命がこの山に在る故にその名があると見える事情もあるから、「妹（ここでは妻の意か）」と配偶になる伊和大神が「阿和加神」にあたる。

粟鹿神社のほぼ真南三キロほどに位置する粟鹿山は、朝来群山の主峰（標高九六二メートル）であり、北方には日本海を一望でき、南方には遠く六甲山を見ることもできる。

宗像三女神と沖ノ島祭祀

宗像三女神は天照大神と素戔嗚尊の誓約《うけい》によって生まれたと記紀に見えており、これを祭神とする宗像神社に古来、大宮司等で奉仕してきたのが宗像氏である。宗像三女神とは、①沖ノ島に鎮座の沖津宮の多紀理《たきり》毘売（又名が奥津島比売）、②大島に鎮座の中津宮の市寸島《いちきしま》比売（同、狭依毘売）、③九州本土の田島に鎮座の辺津《へつ》宮の多岐都比売、と『古事記』に見える（『書紀』等では、各々、①田心姫、②市杵島姫、③湍津姫、とも表記されるが、②と③とは異伝が多く、結局、昭和三二年の決定では②と③とが逆転し、中津宮が湍津姫、辺津宮が市杵島姫とされた）。宗像女神がオオナムチ神の妻神になったともいう（奥津島比売が味鉏高彦根命の母ともいう）。いま辺津宮のほうに宗像大社（福岡県宗像市田島）がある。

これら宗像神関係の島々が、朝鮮半島への海上航路「海北道中」の守護神「道主貫《ちぬしのむち》」として機能した。最北の沖ノ島は玄界灘の真ん中にあって、その巨岩群のなかで見られる祭祀遺跡は著名であり、二十数か所が知られる。そこから、三角縁神獣鏡・方格規矩鏡・内行花文鏡等の銅鏡廿一面や車輪石・石釧、滑石製玉類（十七号遺跡）や子持勾玉（廿一号遺跡）、金製指輪・金銅製馬具類（七号遺跡）などが出た。五万余点もある祭祀遺物が、概ね四世紀後半頃から九世紀末頃までの約五百年にもわたる大陸・韓地との交流を示しており、「海の正倉院」と称される。

初期の遺物は、奈良県の佐味田宝塚古墳・東大寺山古墳や新沢千塚古墳の出土品と類似したものが多く、畿内の古墳との類似から大和政権との関わりを十分感じさせると指摘される（佐田茂氏「前方後円墳と沖ノ島」『新古代の日本3　九州・沖縄』）。子持勾玉・滑石製臼玉・有孔円板という組合せは、三輪の大神神社の山ノ神遺跡と類似する。

これら畿内の古墳は古墳時代前期の景行朝（四世紀中葉）ごろの築造とみられるから、沖ノ島創

宗像大社（福岡県宗像市）

祀時期は大和王権と韓地との交渉が始まる時期とほぼ符合する。この創祀期頃からの歴史が祭祀者の宗像氏にあったとみられるが、史料には創祀頃の氏人が見えない。子持勾玉には、宗像信仰や三輪氏関係など海神族の祭祀用具との説もある（もっとも、祭祀終末期が遣唐使派遣の廃止時期に近い事情もあって、国家祭祀が強く示唆される面もあるから、当初はどこまで宗像氏が関与したかの問題もある）。歴史時代の子持勾玉についていえば、「今のところ、分布も筑前、豊前、毛野に限定されており、なかでも筑前が飛び抜けて多い」（うち十六点が筑前で、宗像大社関係か）との指摘も、佐田茂氏からなされる（「歴史時代の子持勾玉」）。

宗像氏の系譜

宗像氏の上古の歴史は記紀に見えず、神功皇后が三韓征伐に際して筑前に行ったときも、遠征時の旗や旗竿に因む織幡神社（式内名神大社）が宗像郡の鐘崎港付近の丘に鎮座するものの、この外征に関して宗像氏の氏人は姿を見せない（後に『三代実録』では、神功皇后が新羅遠征の時に宗像神が神助を加えたと記される）。次いで、『書紀』応神紀四一年条には、阿知使主が呉から筑紫に帰還のときに胸形大神に衣縫の兄媛を奉献したと見

織幡神社（福岡県宗像市）

え、履中紀五年条には神戸の民を宗像三神に奉ったと見える。

更に、雄略紀には胸方神を祠らせるために朝廷が凡河内直香賜《かたぶ》と采女を派遣したが、壇所に至りまさに祭事を行なおうとした時に香賜は采女を犯したので、これを聞いた天皇は香賜を捕らえて斬った、と見える。王権が香賜と采女という男女一組を派遣して胸方神を祠らせたのは、わが国祭祀の古い形態を伝えるとみられている（亀井輝一郎氏「古代の宗像氏と宗像信仰」）。吉野裕子氏は、三輪神や鴨社創祀の伝承などから、「日本古代蛇信仰では神蛇とはまず人間の巫女と交わることをその第一義としたから、「祭り」とは要するに巫女による蛇との交合であった、とさえ思われる」とその著『蛇』で記している。これらの事件にあっても、宗像氏の姿は見えないが、雄略朝には宗像氏は登場していたものか。

『肥前国風土記』基肄《きい》郡姫社《ひめこそ》郷（佐賀県鳥栖市姫方あたり）の条には、山道川（筑後川）の西にいた荒ぶる神の祟りがあったので、神意を聞いて、「筑前国宗像郡の珂是古《かぜこ》」なる者にその神を姫社で祀らせたと見える。この神は女神で、機織りの神でもあったというから、珂是古は宗像君氏の先祖一族かとみられるが、何時の人か不明である。宗像郡には上記の織幡神社のほか、奴山に縫殿宮もあり、沖ノ島遺跡からは金属製の紡織具も出た。

『姓氏録』では、右京神別地祇に宗形朝臣をあげて、「大神朝臣の同祖。吾田片隅命の後」と見えており、「地祇本紀」等には大田田根子の伯父に阿田賀田須命をおいて、宗像君や和邇古などの祖と記される。この記事の真偽も含め、宗像君の初期段階はまったく不明である。阿田賀田須命の父祖は磯城県主の支流であり、出雲に縁由があった模様であるが、誰がどのような契機で筑前宗像に移遷したのかは不明である。「宗像大菩薩御縁起」には、一説として、「人皇第七代の孝霊天皇四年に、出雲州簸河上より筑紫宗像に御遷行云々」と見えるが、記事の根拠は不明である。『粟鹿大神元記』では、阿田賀田須命を石辺君や和邇古の祖と記すが、そこには宗像君の記事が見えない事情もあるから、『姓氏録』の記事を裏付けるものとはなっていない。

宗像氏は「大海命」の後裔ともいうから（風土記逸文）、海神族性が示される。この祖先の実体は不明だが、阿曇連等の祖たる「海神大綿津見命」（「綿津見＝海積」）を指すものか。そうであるのなら、阿曇・三輪が同祖ということを示すにすぎない。あるいは、もとから宗像神社の地に在った豪族で、後世に系譜を三輪氏同族に架けた可能性も残るのかもしれない（その場合には、筑後の水沼君あたりとの同族性があるか、あるいは別系の海神族か。現在、宗像神社の境内社に大神神社はあるので、これは同族性を示すが、いつ頃からの祭祀かは不明）。近い同族という和邇子（和仁古）氏が畿内にあって、右京人の和邇子真麻呂ら十二人が承和元年（八三四）に朝臣賜姓をうけたが、それは宗像朝臣ではなく、大神朝臣のほうであった。

氏の名の表記は、十世紀前葉までは、「胸形、胸方、胸肩、宗形」などとも表記されたが、平安朝以降では概ね宗像となる。氏の名の由来は、「胸形」が示すように、海神族としての特徴の入れ墨を胸にしたことに因るとみられる（金関丈夫氏の見方に同意）。奈良時代の支族ないし部民は宗形部と記され、筑前の宗像・御笠郡や豊前の仲津郡に見える。

宗像（宗形・胸形）神社は全国六、七千社を数えるという。主なところでは、奈良県桜井市外山（式内社）、長崎県北松浦郡平戸市田平町、北九州市小倉南区上曽根、福井県小浜市北塩屋（若狭）、岡山県赤磐市是里（旧吉井町。備前国赤坂郡の式内社で、近隣に鴨神社）、岡山市北区大窪（備前国津高郡の式内社。備前一宮・吉備津彦神社の北方近隣）、鳥取県米子市宗像（伯耆国会見郡の式内社）、京都市上京区京都御苑内（旧府社）、及び東国では愛知県稲沢市国府宮（尾張国中島郡の式内社。近隣に大神神社）、栃木県小山市寒川（下野国寒川郡の式内社。創祀事情は不明）などにある。安芸一の宮の厳島神社も含めて、ともに宗像三神を祭神とする。

これらの祭祀者とその経緯については、殆どが不明で難しいが、海上交通上の活動の痕跡であろう。ただ、海神族ばかりではなく、天孫族の始祖神・五十猛神の妻神・瀬織津姫《せおりつひめ》神が宗像女神の一人でもあるようで、そうした関係の祭祀もあるのかもしれない。

宗像氏の近世までの動向

宗像郡の海岸部には五世紀代頃からの勝浦古墳群、奴山古墳群、須多田古墳群があって、この頃から当地の豪族の存在が知られる。大化前代までに次第に力を貯えてきたのか、大化の改新によって、国郡制が敷かれると、宗像氏は宗像神郡（九州では唯一の神郡）の大領と宗像神社の神主を兼任し、神郡の行政も担った。その頃、胸形君徳善の娘で、大海人皇子（天武天皇）の宮人の尼子娘が高市皇子を産んでいる。福岡県福津市津屋崎（旧宗像郡津屋崎町）の宮地嶽古墳は七世紀代の古墳とされ、その被葬者に胸形君徳善が比定されている。この徳善より前の宗像君氏の歴代や系譜はまったく不明である。

壬申の乱を経て、天武十三年（六八四）には宗像氏は地方豪族としては珍しく朝臣姓を賜っており、持統四年（六九〇）には高市皇子が太政大臣になった。高市皇子の後裔は臣下となって高階氏（真人。後に朝臣姓）を賜姓するが、高階一族が筑前から大和国城上郡に宗像社を勧請して奉仕し、その系統が近世まで続いた。寛平五年（八九三）の太政官符には、高階真人忠峯らは旧記を持ち出して修理要請をしたことが見える。

和銅二年（七〇九）には「宗形朝臣等抒」（系図によると、徳善の孫）という人物が外従五位上を授けられたと『続日本紀』に見える。その後も、等抒《とど》の子の「鳥麻呂―深津―池北―秋足」と嫡系は続いて、各々が六国史・類聚三代格に叙位などの記事（殆どが外従五位下の叙位）が見える。宗像郡大領の宗像朝臣深津の夫人として、竹生王という皇族もいた。宗像氏本宗は宗像郡に在ったが、等抒の弟の横根は右京人として典薬大人となり、その子の赤麻呂は医師として外正五位上に叙されたと『続紀』に見える。この後も典薬大属・右近医師などが子孫に見えており、この家が『姓氏録』右京にあげられる。横根は『続後紀』承和六年九月条に「元右京人宗形横根」と見えて、紀伊国名草郡の名草直弟日の娘を娶って島守を生み、島守は養老五年に母姓を冒したが、それが直講正六位上名草直豊成（このときに宿祢賜姓）の祖父だと記される。

上記のような事情をふまえてか、十世紀前葉、延喜頃の神主宗像清氏について、後裔は宇多天皇の御子とも称したが、無論、系譜仮冒である（その官位を「正三位中納言」と記すものもあるが、まったくのデタラメであり、このほか、系図に見える宗像一族の官位記事にはありえない内容のものがある）。天元二年（九七九）には太政官符により、宗像宮の大宮司職に正六位上宗形朝臣氏能を補任した（『類聚符宣抄』巻一）。大宮司職は、その父の氏男（清氏の子）の代の天慶二年（九三九）の時からともいう。

宗像氏は、平安時代後・末期頃から神官であるとともに、次第に在地領主化、武士化もしていく。院権力にすりより、保安元年（一一二〇）ごろまでに、宗像社領を鳥羽皇后領を本家にいだく不輸不入の荘園としたようで、それが宗像大宮司氏高（氏能の曾孫）のころであった。宗像氏にあっては、大宮司氏高は一つの画期をなした人物であり、『宗像社務系図』では氏高より系線が引かれ、以後の大宮司職は氏高の子孫が世襲した。氏高より前に分岐した支族は殆ど知られない。

蒙古襲来や南北朝動乱などでは宗像一族も活躍し、戦国期でも戦国武家としても活躍した。戦国時代末期に、天正十四年の宗像氏貞の死去をもって大宮司家としては断絶した（嫡子の塩寿丸が早世していた）。氏貞の娘は小早川隆景の臣・草刈重継に嫁いで、宗像氏の相伝文書は草刈家に伝来したが、その子孫は萩藩毛利家の寄組にある。宗像社では、宗像分流の深田・嶺両氏が、有力神官家として明治まで存続した。

伊勢の宇治土公氏

伊勢神宮の古くからの祠官家に宇治土公《うぢとこ》氏があり、歴代が宇治大内人（玉串大内人）の職を世襲した。もとは磯部姓（石部直《いそべ》）であったのが、後一条天皇の頃より宇治土公と称されたという。この大内人が地主神の大土神社を祭祀したことで、やがて氏の名になったものとみられている（以上は、『神道大辞典』）。延暦二三年に「大内人宇治土公儀部小紲」や儀部姓の宮守物忌・地祭物忌等が『皇太神宮儀式帳』に見え、最近では神社本庁長老の宇治土公貞幹《さだとも》さんが逝去されたという報道もあったから、いまに残る苗字である。

その邸宅内の屋敷神として祖神の猿田彦を祀っていたが、明治になってそれが猿田彦神社となった。猿田彦命とは、記紀の天孫降臨神話に見え、天孫降臨のときに天地の境界まで出迎えて道案内をした神であるが、その実体は葦原中国（海神国、奴国）の王族、穂高見命（宇都志日金拆命《うつしひかなさく》）だから、三輪君ではなく阿曇連・和邇《わに》臣のほうの祖である。その系譜は筑紫の大己貴神の孫であり、伊勢の磯部が大和の磯城県主や三輪君と同族なら、祖神は猿田彦にならないはずだが、『古事記』の国譲りの段のように、どこかで「猿田彦＝事代主神」という異神合体化がなされた可能性もある（ないし、事代主神が猿田彦に擬される存在として認識。『記』の国譲りで事代主神の役割を果たしたのが猿田彦命ではあるが）。

猿田彦に関連して言えば、日向三代のうち、海王宮訪問の縁で山幸彦（火折《ほおり》命）に嫁した豊玉姫（彦波瀲尊の母）・玉依姫（神武の母）の姉妹は穂高見命の娘とみられ、これが天孫族系の大王家と海神族の通婚のはじめとなった。同じ海神族系で三輪同族の磯城県主家が初期大王家に対して多くの后妃を出したのも、この縁由が先にあったからとみられる。豊玉姫が鰐の姿で出産したとの伝承も、海神族の竜蛇信仰・鰐トーテムの表象化である。

伊勢では、多気郡伊蘇郷（後の磯村、伊勢市磯町で、式内社の儀神社が鎮座）に住んで同郡郡領や伊蘇社祢宜をつとめた石部直姓の礒氏もおり、国司北畠氏に属して戦国末期まであった。大化頃の多気郡の郡領助督として磯部直八夜手も『皇太神宮儀式帳』に見える。

南隣の志摩国答志郡にも磯部駅の地名があり

伊雑宮（三重県志摩市磯部町）

（三重県志摩市磯部町）、その地の佐美長神社は大歳社ともいわれ、『磯部郷土史』によると、猿田彦神が伊雑湾口から西に向かって進まれるのを迎え奉ったという所伝があって、磯部氏がこの地に在った。同社は皇大神宮（内宮）別宮の伊雑宮《いざわのみや》（式内社の粟嶋坐伊射波神社で、志摩国一宮）の所管となっており、伊勢・志摩一帯で祭祀関係は考える必要があろう。

ところで、伊勢の三輪一族の系譜は不明なことが多く、例えば「児島系図」では大田田根子の三代前に置く豊御気主命の弟に久斯御気主命をあげ、「伊勢宇治土公石辺公狛人野祖」と記す。これら兄弟の母が伊勢旗主命の娘と見えており、この伊勢旗主命が垂仁朝の阿彦追討に当たった者であれば、上記系譜に疑問も出る。この辺も含め、三輪君氏の崇神前代の系譜にはまだ疑問も残るが、問題意識の提示にとどめる。

越の越君など

鈴木真年の記事によると、大国主神が高志の沼名川姫を娶って男子を二人生み、長子が建沼河男命、次子が建南方命《たけみなかた》（建御名方命、諏訪神）といい（越後国頸城郡の沼川神社旧記に拠るという）、建沼河男命は越国に住んで大美主命を生み、その八世孫の玉照子命の娘が長比売命といって、これが市入命と夫婦になり高志国を治めて祭祀を管掌し、高志公・道公の祖となったとされる（『日本事物原始』）。市入命《いちり》は、阿倍氏の祖・大彦命の後裔と称したが、実際には彦坐王の後裔の模様である。ともあれ、玉照子命の一族後裔が古代の越道に繁衍して、後の越君・神部などにつながる。越後中世の直江氏などは、通称に「神・甚」を用いており、これらの流れを汲んだものか（直江山城守兼続は樋口氏からの養嗣）。

建御名方命については、『旧事本紀』にも大国主神と高志の沼河姫との間の子とされる。一般に沼河姫所生の「御穂須須美命《みほすすみ》」と同人とされるが、建御名方命が大和にあった長髄彦と同人の場合には、東遷経路から見て母が高志の沼河姫というのは疑問の可能性もある。

出雲の大国主神の勢力範囲は、東方では日本海沿いに越前・越中、さらには越後南部あたりまで伸びていた。そのことは、出雲・伯耆に多く見られる弥生後・末期の四隅突出墳丘墓が、加賀や越中でもあって、現在までに北陸では合計八基が知られる事情が傍証する（松本岩雄氏の「考古資料からみた弥生・古墳時代の北陸と山陰」、『古代史の舞台』二〇〇六年所収）。このタイプの墳墓では、出雲で最大規模とされる出雲市の西谷三号墓（最長辺約五〇メートル《メートル》）の被葬者として出雲の王者・大国主神が考えられるかもしれない。

その他各地の三輪同族諸氏

中世の三輪氏同族の動きは、大和のみならず地方でも、平安中期以降はあまり活発とは言えない。管見に入ったところでは、土佐の谷干城《たてき》の家が神職・武家として見える。

谷氏は土佐一宮の都佐坐神社神主家で、天文の吉良家老臣に谷将監があり、天正の谷忠兵衛忠澄は一宮神官で長曽我部元親の老臣であった。その庶流一族はのち山内家に仕え、儒学・国学の学者を多く出した。江戸期の儒学者谷素有（時中）・一斎親子や谷秦山（丹三郎重遠）、その子垣守、その子真潮などがあげられる。山崎闇斎門下で儒学者として著名な谷秦山の家は、庶流で長岡郡八幡村（現・南国市岡豊町八幡。一宮の四キロほど東方に位置）の別宮八幡宮の祠官家であった。別宮八幡宮は近隣の岡豊城に拠った長曽我部氏から、城の鬼門を守る守護神として崇敬された。秦山の曽孫の景井の子が谷干城（通称を守部）で、もと高知藩士で明治維新や西南戦争に功があり、後に陸軍中将、子爵となった。

谷氏の系譜は、具体的には戦国末期の谷忠兵衛の父・左近からしか知られない。大己貴命の後裔で大神朝臣姓を称し、大和より土佐に遷ったという（『大神朝臣姓谷氏系譜』等）。この所伝や姓氏は年代的な点などで疑問であり、奉斎した神社や居住地からみて、上古から土佐にあった土佐国造の族裔（神依田公の流れか）かとみられる。

ほかの地方でも、例えば長州の萩藩には、周防国熊毛郡美和郷が領域にあったゆえか、三輪氏が五家、美和氏が三家あるが、いずれの家も戦国時代中期以前の世系は詳らかではない（岡部忠夫編著『萩藩諸家系譜』）。『長陽従臣略系』にも簡単な記事のみである。

『姓氏家系大辞典』にあっては、各地にも多い三輪・大神の諸氏を太田亮博士が丁寧に拾い上げて記載するが、いずれも断片的な記事内容にすぎない。こうして見ると、三輪氏とその族裔は、諏訪神党や宗像氏を除くと、その殆どが中世には衰退していたことになる。

まとめ

主要問題についての一応の要点

以上に見てきたうち、広く大物主神の後裔の動きを見ると相当に複雑であるが、初期段階の三輪氏及び磯城県主家に範囲を絞って、主要点を一応、まとめると次のようになる。
①奈良盆地にあっては、紀元二世紀前半頃には三輪山西麓に移遷してきた部族・三輪族がおり、それが大物主神を中心とした山陰出雲からの到来であった。それに数十年遅れる形で、天孫系の物部氏の先祖も近隣に渡来し、両者連合の原始部族国家が形成された。
②三輪族の日本列島における故地は、北九州筑前の博多湾沿岸部にあり、韓地南部から渡来してそこに稲作・青銅器などの弥生文明を持ち込んだ海神族の一派である。その源流は大陸の江南にあった越種族（タイ人）であり、その段階から既に竜蛇信仰をもっていた。海神族の畿内方面への進出は、数次に分かれていた。このように遠い先祖は渡来系ではあるが、渡来時期は古く紀元前数世紀であり、「諸蕃」の取扱いにはならない。
③大和の三輪族中心の原始的国家では、三輪山を神奈備山とする信仰があり、特異な銅鐸文化をもったが、二世紀後葉の神武侵攻によりそれが崩壊した。銅鐸は、三輪支族が畿内から転退した後も

各地に残り、分布の一つの流れは三河・遠江を経て諏訪に到り、もう一つは阿波から土佐に到る経路にあって、それぞれの地域に後期銅鐸の出土がある。
④神武系統の初期王権は、もとは畝傍山周辺から葛城地方にかけての地にあって、三輪山麓の三輪族と頻りに通婚したが、男系が細々と続いたため、大王家外戚の磯城県主家から入って大王位を一時期、預かる者（孝安天皇）が出た。その者の子孫が数系列あってそれぞれ皇別を称して、初期大王家の系譜のなかに混入しているが、各地に分岐したなかで、それぞれ大神（三輪）神社を奉斎するなどの事情で、系譜仮冒が示される。
⑤初期大王家の系はそれでもなんとか存続し、次第に勢力を増すとともに、四世紀初ごろから東方に本拠を移して、奈良盆地東南部の纒向遺跡あたりに王宮をおいて、三輪山西麓周辺に巨大な前方後円墳を数基、築いた。それが、実質的に崇神天皇（神武を初代として第十代の大王）に始まる大和朝廷であるが、これに対する「三輪王朝」という呼び方は適切ではない。纒向の王権は、纒向山に自らの守護神である太陽神を国家神として祀った。それとともに、近隣の三輪山や竜王山に従来からの豪族の祭祀神（大物主神、倭国魂神）もあって、これらも尊重され、ほかにも天神地祇を祀った。三輪山祭祀は王権によるものではないし、三輪山に初期大王家や纒向王権の祖神は祀られなかったから、纒向遺跡との関連もない。
⑥大神神社の祭祀は、大和では上記経緯からみて最古級のものであるが、それを奉斎した主体は同族のなかで変更があり、当初の磯城県主家が衰滅した後、崇神朝に新たに三輪氏が起こった。三輪氏の本宗ともいうべき磯城県主家の男系が絶えたので、茅渟県陶邑から支族の大田田根子を探し出して三輪山で大物主神の祭祀をさせ、この者が三輪君の祖となったと記紀に伝えるとおりで

である。

三輪氏を五世紀以降に発生した比較的に新しい古代豪族とみる見方は、文献はもちろん、三輪山付近の考古遺跡などから見ても疑問が大きい。同様に、三輪氏が五世紀初頃の河内王朝の成立ごろに大和の磯城地方に侵入してきたとか、六世紀の欽明朝から台頭した新興豪族だという見方も目にするが、これらはなんの裏付けもない（田中卓氏も「大神神社の創祀」で強く反論する）。
⑦三輪君氏はすくなくとも崇神朝以来、大王・王族に近侍して王権に奉仕した（雄略朝になって勃興したという見方は疑問であり、その根拠がない）。七世紀後半には朝廷を構成する豪族のなかで高い地位を認められ、壬申の乱の功績もあって大神朝臣となった。その後も大神神社の祭祀を続けて、奈良時代以降は大神主職を世襲し、近代に至った。
⑧大物主神など三輪氏の祖神について、その神統譜の把握がこれまできわめて混乱が大きく杜撰であるが、A大己貴神（実際の活動地は筑前海岸部）とB出雲の大国主神とC大和の大物主神とはそれぞれ別神であり、四代にわたる親子系列（各々の関係は、「Aの孫がBで、その子がC」とみられる）として受け止められる。これら三神に味鉏高彦根命及び事代主神、八現津彦（長髄彦）を加えた一族の系統神を整理して的確に把握する必要がある（拙見では、かつては大物主神の子が事代主神とみたが、本書で両者は同人と改めたことをお断りする）。従来の研究では、これら三神が曖昧な形で一括りで把握されていた。
これら大国主神や大物主神の後裔氏族を「出雲神族」という概念でとらえることは疑問が大きく、また、後世になってその祖先の活動や系図を造作し、完成させて、墓記等として朝廷への提出を行い、これが『日本書紀』等に採用されたとみる見方も、同様に疑問が大きい。こうした「造

作説」という古代研究の津田博士流のアプローチは、論理的に成り立たないのが殆どだから、そろそろ御破算をする時期に来ている。
⑨出雲に関して言えば、最近の多くの考古遺跡・遺物の発掘結果は、この地に弥生後末期に原始部族国家的な大勢力が存在したことを示すが、これらは、『出雲国風土記』とは関連しても、出雲国と舞台地域が異なる、記紀のいわゆる「出雲神話」「日向三代神話」や、三輪山・大物主神及び三輪氏に結びつけることは、できるはずがない。

三輪氏についての総括

崇神朝に登場する大田田根子以降の三輪氏の系図は、数代の欠落・重複があるものの、豊前宇佐の神官家との関係など一部を除き、比較的分かり易そうで、『高宮家系』がよく利用される。しかし、この系図は成立がかなり遅い近世のもので、多くの疑問点がある。崇神前代における三輪氏の前身母胎というべき磯城県主家の系譜はきわめて難解であり、これと頻繁な通婚をした初期段階の大王家の系譜もまた難解である。それを「闕史八代」という皮相的な理由で史料を投げ捨て、この時期の文献研究をしないという研究姿勢では、初期大和王権の実態など、掴みうるはずがない。これが、戦後の上古史研究の実態でもあった。このあたりの検討に当たっては、記紀のみならず、『旧事本紀』の地祇本紀・天皇本紀や『粟鹿大明神元記』という従来あまり用いられない史料も有用であった。

神武前代における大己貴神まで遡る神統譜もまた神名の重複、同名異神などの問題があって、これまた難解である。これらを後世の造作とみたり、観念的思考でもって「神々」の行動・足跡を追求しても、総合的には合理的な思考とはなしえない。

三輪氏はその本拠地が纏向遺跡と近隣し、祭政両面で大和王権と相互に密接な影響を及ぼし合っていた。『古事記』には三輪君になってからの記事がないものの、『書紀』には古代氏族としては異例なほど多数の三輪氏の族人の名が見えるのも、こうした事情による。だからといって、三輪山祭祀と王権祭祀とは本質的に異なるし、「三輪王朝」という概念は、無用な混乱を惹起する。

総じていえば、これまで総合的な三輪氏研究が疎かにされすぎていた。曖昧ないしかなりいい加減な整理・把握のもとで、その遠祖神、神統譜が論じられてきたと痛感する。大物主神祭祀ということで和泉で見出された大田田根子の後裔氏族は、その後はむしろ「祭祀」氏族ではなく、大王の近侍氏族として、あるいは海外交渉や征夷という面での活動を見せる。だから、三輪氏については、祭祀面だけの検討では不十分である。これは、国家祭祀を担ってきたという自負のある斎部宿祢氏の『古語拾遺』にあって、大三輪神は見えるが、三輪氏の記事がないことにも通じる。三輪山祭祀は重要であるが、これと併せて、背景にある竜蛇信仰や全国各地に多い三輪氏同族についても十分な総合的に検討・考慮を行い、長い期間にわたる整合的な三輪氏の歴史像を更に探究する姿勢が必要であろう。

おわりに

三輪氏は古代氏族としてはそれほど難しいものではなさそうだという当初の印象が、検討するうち次第に難しいほうに変わっていった。たしかに、大田田根子以降はそれほど難解だとはいえない面もあるが、それでも豊前宇佐や筑前の大神氏の系譜問題があるから、そう単純でもない。なかでも、難解にする大きな要素の一つが、①三輪氏の前身としての磯城県主の系譜と存亡との関係であり、更に②そこから遡る大国主神など神統譜の神々の位置づけである。また、創祀期の王権祭祀と三輪山祭祀の関係の問題も難解である。

前者については、中臣氏に続いて、磯城県主家や初期大王家についてきわめて難解な系図解読作業に没頭することになった。本書の当該部分は、古代氏族の系譜についてあまり関心のない読者にとって看過したくなるところでもあろうが、三輪氏解明のための重要な基礎作業として記述をお許し願いたいと思う次第でもある。

後者のほうの、三輪山周辺での王権祭祀と三輪山祭祀の創祀期の検討も紛らわしく、難解である。祭祀も、その対象も、その奉仕氏族の退転などで変化することはありうることであり、そうした変化の要素も考えて行かねばならない。これに関連して、三輪氏の神統譜の問題もあるから、これまた一筋縄ではいかない。

要は、歴史研究にあっては、遠くからでも歴然と見える富士山の山頂部分だけを、しかも現在の姿だけを見てはならない。富士山を構成する基礎地盤とその地殻変動の要素という部分を含めて、全体的総合的に多角度から大きな歴史の流れのなかで氏族を見ていかなければ、その実体を解明できないということにもつながる。

三輪氏について、本書で総合的に見てきて、この氏族に関連する古代史の概念や受け取り方には多くの誤解があることを痛感する。これに加え、戦後の古代史学によく見られる「擬制系譜」とか同族系譜の後世の形成という概念も、誤った結論に導きかれる傾向があるなど、疑問が大きいと考える。もちろん、三輪氏にあっても、個別に系譜仮冒があったことを否定するものではないが、系譜仮冒とこれら概念とは別物である。三輪祭祀や竜蛇信仰など祭祀・習俗面に留意しつつ具体的な系図を考えないから、簡単に擬制とか造作、潤色という否定的な見方につながってくる。

原型としての史実は、長い期間の伝来過程のなかで、その所持氏族によって様々に転訛する可能性がある。時代時代に応じて、自らに都合の良いように、また所伝者のその当時の理解に応じて、様々に書き変えられる可能性があるということでもある。だからといって、それが全て造り事だと断定し、切り捨てるということになってはならない。古代史とくに上古部分に関する史料はきわめて乏しいので、その史料検討は十分丁寧に薄皮を剥くようにしていかねばならない。最近まで進んできた遺跡や考古遺物の発掘も、重要な手がかりを与えてくれる。三輪氏の初期段階とその前史は、初期大和王権の政治・祭祀と密接に関連することを痛感するが、このことは上記の作業を総合的に行うことを通じて更に認識され、九州各地の大神氏の重要性も感じながら、本書の著述を進めたところである。

かつて溝口睦子さんから著書『日本古代氏族系譜の成立』(一九八二年刊)を受けとって、それから三十余年が経過し、本書関係の古い原稿もそれ以来のものがあって、その辺を振り返りつつ歳月の経過の早さを思い、本書をもって一応のお応えといたしたい。

資料編

1　三輪氏一族の系図（試案）

第2図　三輪氏一族の系図（試案）

※推定を含む。

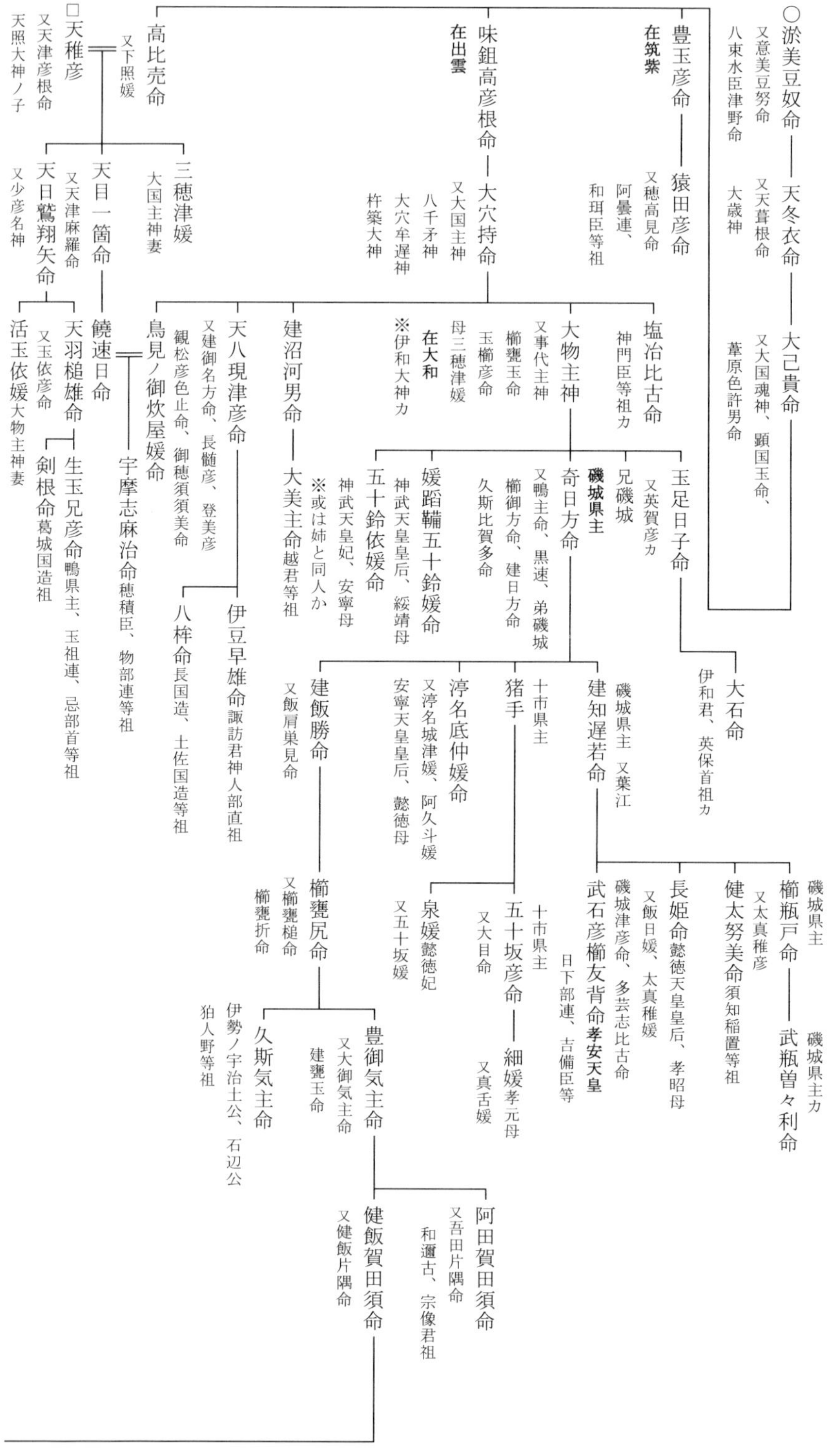

○淤美豆奴命
又意美豆努命
八束水臣津野命
天冬衣命
又天葺根命
大歳神
大己貴命
又大国魂神、顕国玉命、
葦原色許男命
豊玉彦命
在筑紫
猿田彦命
又穂高見命
阿曇連、
和珥臣等祖
味鉏高彦根命
在出雲
大穴持命
又大国主神
八千矛神
大穴牟遅神
杵築大神
高比売命
又下照媛
□天稚彦
又天津彦根命
天照大神ノ子
三穂津媛
大国主神妻
天目一箇命
又天津麻羅命
天日鷲翔矢命
又少彦名神
塩冶比古命
神門臣等祖カ
大物主神
又事代主神
櫛甕玉命
玉櫛彦命
母三穂津媛
在大和
※伊和大神カ
建沼河男命
大美主命越君等祖
※或は姉と同人か
天八現津彦命
又建御名方命、長髄彦、登美彦
観松彦色止命、御穂須須美命
鳥見ノ御炊屋媛命
饒速日命
宇摩志麻治命穂積臣、物部連等祖
天羽槌雄命
又玉依彦命
生玉兄彦命鴨県主、玉祖連、忌部首等祖
剣根命葛城国造祖
活玉依媛大物主神妻
伊豆早雄命諏訪君神人部直祖
八栫命長国造、土佐国造等祖
玉足日子命
又英賀彦カ
大石命
伊和君、英保首祖カ
兄磯城
奇日方命
磯城県主
又鴨主命、黒速、弟磯城
櫛御方命、建日方命
久斯比賀多命
媛蹈鞴五十鈴媛命
神武天皇皇后、綏靖母
五十鈴依媛命
神武天皇妃、安寧母
建知遅若命
磯城県主　又葉江
猪手
十市県主
渟名底仲媛命
又渟名城津媛、阿久斗媛
安寧天皇皇后、懿徳母
建飯勝命
又飯肩巣見命
櫛瓶戸命
磯城県主
又太真稚彦
武瓶曽々利命
磯城県主カ
健太努美命須知稲置等祖
長姫命懿徳天皇皇后、孝昭母
又飯日媛、太真稚媛
武石彦櫛友背命孝安天皇
磯城津彦命、多芸志比古命
日下部連、吉備臣等
五十坂彦命
十市県主
又大目命
細媛孝元母
又真舌媛
泉媛懿徳妃
又五十坂媛
櫛甕尻命
又櫛甕槌命
櫛甕折命
豊御気主命
又大御気主命
建甕玉命
久斯気主命
伊勢ノ宇治土公、石辺公
狛人野等祖
阿田賀田須命
又吾田片隅命
和邇古、宗像君祖
健飯賀田須命
又健飯片隅命

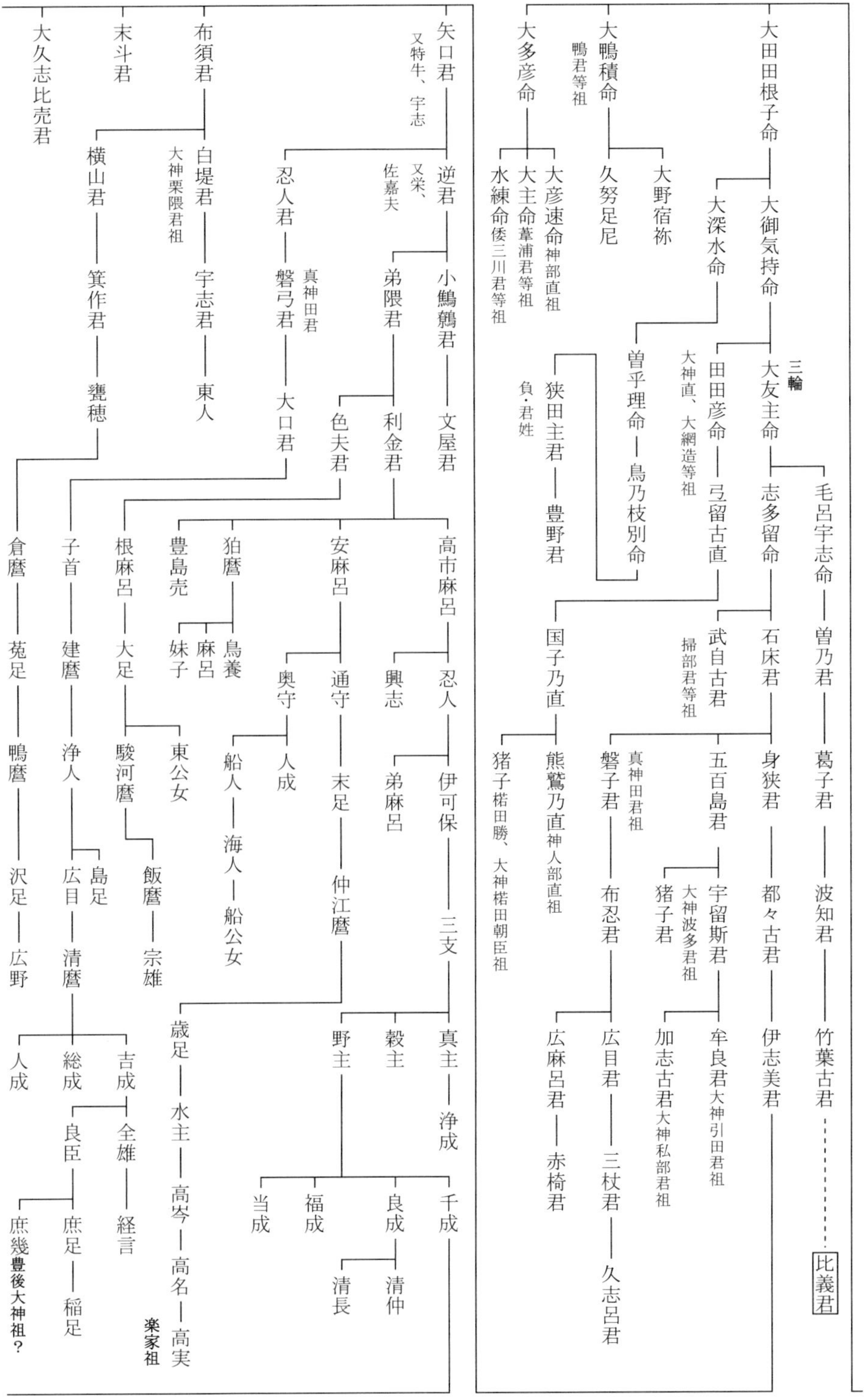
大田田根子命
大御気持命
大友主命 三輪
毛呂宇志命
曽乃君
葛子君
波知君
竹葉古君
比義君
志多留命
石床君
身狭君
都々古君
伊志美君
田田彦命 大神直、大網造等祖
弖留古直
武自古君 掃部君等祖
五百島君
宇留斯君 大神波多君祖
牟良君 大神引田君祖
猪子君
加志古君 大神私部君祖
磐子君 真神田君祖
布忍君
広目君
三杖君
久志呂君
広麻呂君
赤椅君
大深水命
曽乎理命
鳥乃枝別命
国子乃直
熊鷲乃直 神人部直祖
猪子 椦田勝、大神椦田朝臣祖
狭田主君 負・君姓
豊野君
大鴨積命 鴨君等祖
大野宿祢
久努足尼
大多彦命
大彦速命 神部直祖
大主命 葦浦君等祖
水練命 倭三川君等祖
矢口君 又特牛、宇志
逆君 又栄、佐嘉夫
小鷦鷯君
文屋君
高市麻呂
忍人
伊可保
三支
真主
浄成
千成
良成
清仲
清長
福成
当成
毅主
野主
弟麻呂
興志
安麻呂
通守
末足
仲江麿
歳足
水主
高岑
高名
高実
楽家祖
奥守
人成
船人
海人
船公女
狛麿
鳥養
麻呂
妹子
豊島売
弟隈君
利金君
色夫君
根麻呂
大足
東公女
駿河麿
飯麿
宗雄
忍人君
磐弓君 真神田君
大口君
子首
建麿
浄人
島足
広目
清麿
吉成
全雄
経言
良臣
庶足
稲足
庶幾 豊後大神祖？
総成
人成
布須君
白堤君 大神栗隈君祖
宇志君
東人
横山君
箕作君
甕穂
倉麿
菟足
鴨麿
沢足
広野
末斗君
大久志比売君

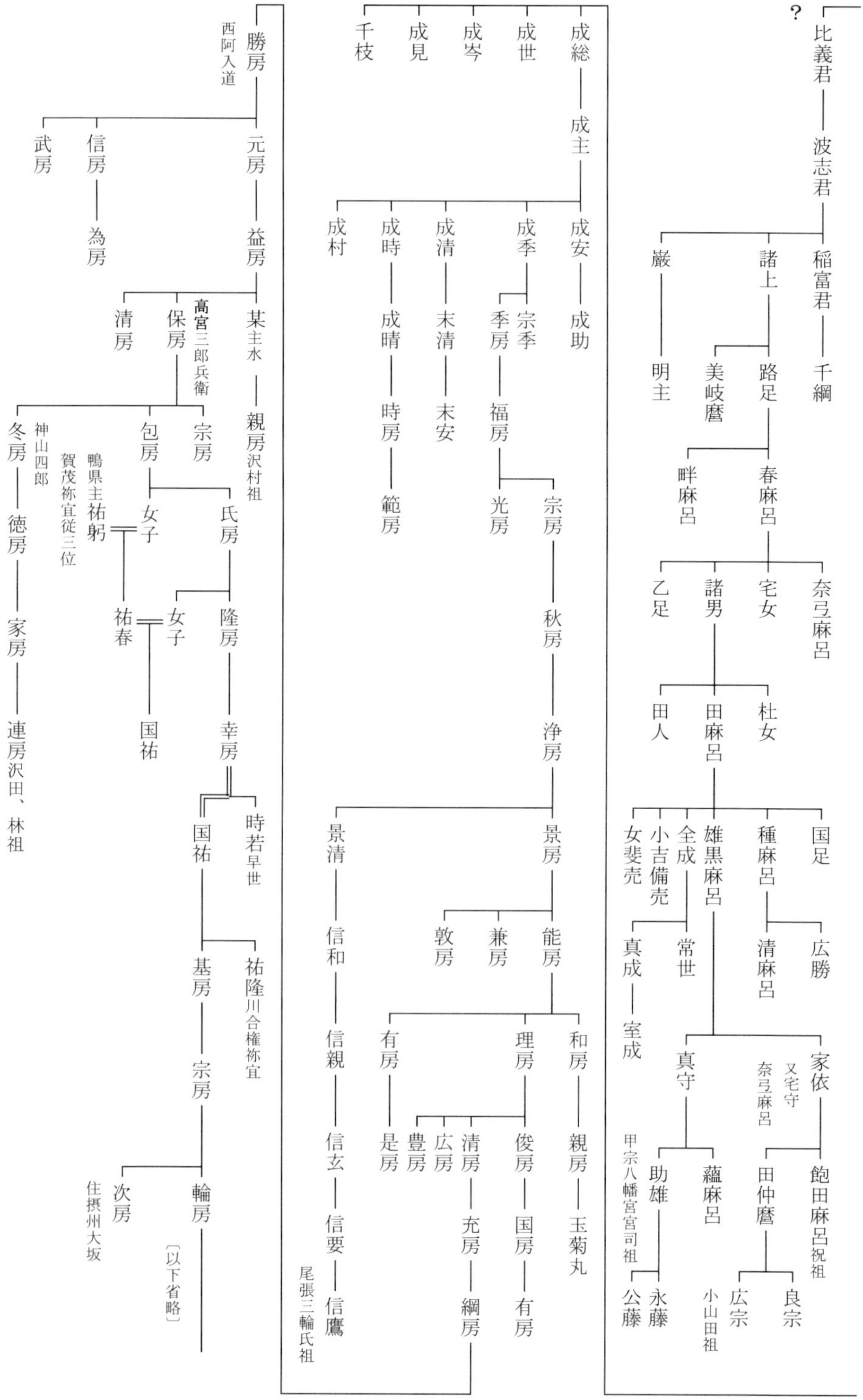

?
比義君—波志君
稲富君—千綱
諸上—路足／美岐麿
巌—明主
路足—春麻呂／畔麻呂
春麻呂—奈弖麻呂／宅女／諸男／乙足
諸男—杜女／田麻呂／田人
田麻呂—国足／種麻呂／雄黒麻呂／全成／小吉備売／女斐売
種麻呂—広勝／清麻呂
全成—常世／真成
真成—室成
雄黒麻呂—家依 又宅守 奈弖麻呂／真守
家依—飽田麻呂 祝祖／田仲麿
田仲麿—良宗／広宗
真守—蘊麻呂 小山田祖／助雄 甲宗八幡宮宮司祖
助雄—永藤／公藤
成総／成世／成岑／成見／千枝
成総—成主
成主—成安／成季／成清／成時／成村
成安—成助
成季—宗季／季房
季房—福房
福房—宗房／光房
宗房—秋房—浄房
浄房—景房／景清
景房—能房／兼房／敦房
能房—和房／理房／有房
和房—親房—玉菊丸
理房—俊房／清房／広房／豊房
俊房—国房—有房
清房—充房—綱房
有房—是房
成清—末清—末安
成時—成晴—時房—範房
景清—信和—信親—信玄—信要—信鷹 尾張三輪氏祖
勝房 西阿入道
勝房—元房／信房／武房
信房—為房
元房—益房
益房—某 主水／保房 高宮三郎兵衛／清房
某—親房 沢村祖
保房—宗房／包房／冬房 神山四郎
包房—氏房／女子
女子＝鴨県主祐躬 賀茂祢宜従三位
氏房—隆房／女子
祐春＝女子—国祐
隆房—幸房
幸房—時若 早世／国祐
国祐—祐隆 川合権祢宜／基房
基房—宗房
宗房—輪房／次房 住摂州大坂
輪房 〔以下省略〕
冬房—徳房—家房—連房 沢田、林祖

2　三輪氏一族から出た姓氏と苗字

三輪氏族概説

○三輪氏族は、大己貴神の子・味鉏高彦根命の流れをひく三輪の大物主命の後裔であり、大和国磯城郡の三輪山周辺、大神郷一帯（桜井市三輪）を根拠地とし、大和先住の氏族の中で最も高い地位を占めた支配者であった。神武東遷前に大和盆地を中心に部族連合の「前大和国家」（的な組織体）を建てていたとみられるが。その出自は筑前の奴国王一族と同祖の海神族であり、他に先んじて大和に植民した一派であった。
大物主命の父については、筑紫を去って出雲に居た味鉏高彦根命の子、すなわち『出雲国風土記』に頻出し「天下造りしし」と形容される出雲の大穴持命とみられる。神武東遷当時は大物主命の子孫の世代であり、久斯比賀多命（櫛御方命）が大和で服属して磯城県主となるが、その地位の高さから神武以降初期数代の天皇の后妃を出した。
○大和朝廷初期に皇室との通婚が多い磯城県主家は三輪氏族にほかならず、と太田亮博士はみるが、これは妥当な見解である。記紀に記される磯城県主家の人々と『旧事本紀』等の系譜に見える三輪氏族の人々との記名が異なるのは、前者が実名で、後者が通称・美称であった故で、神武朝の磯城県主の祖・弟磯城、すなわち黒速が久斯比賀多命に当たる。

三輪氏族の初期の本宗家磯城県主は、崇神朝までに絶えて、通婚でその血を承けた物部氏の大売《おおめ》布《ふ》命（建新川命）の系統に同県主家が移った。それゆえか、初期の三輪氏族の系譜で現在に伝えられるものは、かなり混乱がある。本宗の断絶後、崇神朝に茅渟の陶邑から迎えられた中興の祖・大田田根子の家は、元の磯城県主家の支族で、その孫・大友主命の代の頃に三輪氏となり、子孫が君姓を賜って、この系統が大神朝臣として続いた。
○この氏族の中では三輪君、鴨君が中央の二大氏族であるが、仲哀朝の伴造的存在の四大夫の一として三輪大友主君が見え、以降も宮廷内の争いや韓地征討などを含め、天皇の身近なところで一族の活動が記される。三輪君は天武十三年の朝臣賜姓諸氏の筆頭にあげられて大神朝臣となり、持統五年の祖先の墓記奉進十八氏の第一にあげられるなど、当時の諸氏の中で高い地位を占めた。大神朝臣高市麻呂は壬申の乱の活躍などで、中納言に昇った。以降、九世紀頃まで大神一族が中下級の官人として国史に見える。支族の流れは衛府官人で楽人となり、中世以降も南都の楽人として続いている。
○三輪氏族は早くから活発な支族分岐を行い、越（越君）、諏訪（洲羽君）、伊勢（宇治土公）、筑前（宗像君）など各地の雄族を出した。
地方の国造としては、長国造（阿波国那賀郡）、都佐国造（土佐国土佐郡）、波多国造（土佐国幡多郡）、意岐国造（隠岐国）が同族としてあげられる。これら国造は皆、事代主神の子ともいう天八現津彦命（観松彦命、登美建速日命。その実体は長髄彦か）の後裔である。事代主神は、記紀の系譜に様々な混乱があるが、味鉏高彦根命の子で、大物主神と同神とするのが妥当で、天八現津彦はその弟であろう。四国系統の祖は、「国造本紀」に三島溝咋命と記されるが、これは女系を通じる祖で、その実体たる少彦名神は男系の祖神ではない。

このほか、高志深江国造（越後国頸城郡沼川郷。阿倍氏族説もあるが、三輪氏族説が妥当か）、須羽国造（信濃国諏方郡）、木蘇国造（信濃国木曽）もあげられるが、これらは系譜・領域や国造としての実在性などについて不明な点が多い。
○中世以降では、大神朝臣の一族は大和三輪社の神官家として細々存続する程度となる。賀茂朝臣の流れでは、正三位以上の京官人を出した勘解由小路家は永禄八年に断絶したものの、その庶流の陰陽道の幸徳井などが残った。地方の社家では、筑前の宗像大宮司、豊前の宇佐社小山田宮司などが存続した。武家としては、信濃に諏訪神党が繁衍した。平安後期以降の豊後では緒方、佐伯一族が繁衍したが、系譜に疑問が残る。

○三輪氏族の姓氏及びそれから発生した主な苗字をあげると次の通り。
(1)畿内……大物主命の後裔が主体である。
三輪君、大神朝臣（大三輪朝臣。録・大和。三輪、高宮―大和国磯城郡大神神社神主。神山、沢田、林―高宮同族。沢村―美濃人。山井―京楽人。中、西京、喜多、乾、井上、新―南都楽人。井戸―大和国磯城郡結崎井戸村あるいは添上郡井戸邑より起る、これは仮冒で和邇氏族の井代臣後裔か。筒井―井戸同族でこの姓氏ともいうが、系譜には諸説あり、疑問か。三輪―尾張国丹羽住人、関白豊臣秀次の父も一族の出と伝えるが疑問大。沢村―美濃人。寺尾―伊予人、尾張藩重臣。谷―土佐国一宮、都佐坐神社神主家、大神姓と称するが都佐国造族裔か。有森―備前国上道郡大神神社祠官、称大神朝臣だが疑問もあり、三輪氏族の初期分岐か。同社祠官で備前土豪の金光もその同族か。尾形、伊能、楫取―下総人、疑問もあるか。大神―筑前国箱崎宮祠官に多い、筑前系統か)。

大神真神田君、真神田朝臣、大神朝臣(真神田朝臣改姓)。

大神波多君、大神引田君、大神私部君(以上の三氏から改姓の大神朝臣もある)、大神引田朝臣、大神栗隈君、大神大網造、倭三川部、倭三川君、神直(神部直)、神人部直、神漆直、大神(大三輪)宿祢。甲斐国の府中八幡宮及び巨摩郡神部神社の神主今沢氏は、本姓大神君で、養嗣の縁で後に源姓を称したと伝える。

賀茂君(鴨君。録・摂津)、賀茂朝臣(録・大和。勘解由小路、五条―京官人、絶家。幸徳井―京官人、陰陽道)、高賀茂朝臣、慶滋朝臣(善滋朝臣。慶滋。安井―近江国浅井郡人)、賀茂宿祢、鴨部祝(録・摂津)、鴨部、三歳祝(録・大和未定雑姓)、賀茂役首、役公、賀茂役公(西―紀州牟婁郡那智社家)、千羽、酒人君。

和爾古(和仁古。録・大和。和爾―近江国水尾神主)、神人(録・摂津)、狛人野(録・山城)。
●緒方―豊後国大野郡緒方郷に起り、真神田君系大神朝臣姓と称するが、祭祀傾向などから見て疑問も大きい。一族きわめて多く、豊後国内に繁衍した(跡を大友一族から襲われた)。
佐伯、臼杵、佐賀、賀来、戸次、堅田、野下、深田、左井田、上野、高畑、小野、田北、勾、横川、中原、今井、由布、亀岡、坂浦、石打、長田、竃江、雄城、入田、大神、直入、城原、沼田、大塚、高野、清田、大野、大牟田、敷戸、朽網、稙田(早稲田)、碓城、草深、麦生、田尻、田吹、入倉、十時、柴山、阿南、四穂田、松尾、小原、大津留(大鶴)、武宮、橋爪、六角、徳田、亀崎、三条、宮崎、畠田、甲斐田、波来合、高田、野方、真玉、由布院、吉野、神崎等―豊後国人。このほか、大神紋衆のなかに、神志那、小深田、木上、下郡、東家、徳丸、夏来、世利、秋岡、杉原、高城、稗匁、森迫、胡麻津留、芦刈、奈須、陣。高知尾（高千穂）、三田井、立宿《たちやどり》、田原、芝原、興梠、岩戸、左藤〔佐藤〕、押方、塩市、山崎、河内、長崎、安徳―日向国臼杵郡高千穂に住。藤林―山城国紀伊郡人で、近衛家侍・内舎人。福田、神―豊後国速見郡人。長野―豊後国国東郡人。大賀、三輪―豊後より尾張、三河に分る。野尻―肥後国阿蘇郡に住、丹波国に分る。大内―伊予人。
●三河国賀茂郡に起った松平氏は、親氏を中興の祖としてその子信光以降勢力を次第に拡大し、三河西部に繁衍して徳川将軍家を出した。清和源氏新田一族の世良田末流と称するのは明らかに仮冒。太郎左衛門親氏以降は賀茂朝臣姓とも称したが、これも疑問で、鴨県主同族の三野前国造族裔か（元々から賀茂郡に存在して、親氏が継いだという松平は、三河国造族物部の末流で酒井同族という可能性もある）。十八松平といわれ一族が多いが、その苗字は省略。

(2)豊前、筑前など九州地方……豊前宇佐の大神及び筑前の宗像君が二大分流も、豊前の大神については疑問もでるが、筑前大神の流れか。
宇佐ノ大神、大神朝臣（小山田―豊前国宇佐神宮の小山田社司、検校、大大工。祝、今永、江良〔恵良〕―宇佐神宮上官。矢部―宇佐若宮神主。安見―宇佐椿社司上官。北崎、池田、栗尾、藤波、徳光、樋田、城、石坂、旧谷、山田、向野―宇佐神人などで同上族。大神、峰、杉山―豊前国企救郡の甲宗八幡宮祠官。都甲、山香、草場、古河、森、竈門―豊後国速見郡人。豊後国国東郡田原八幡検校の次松も同族か）。

宗像君（宗形君、宗方君。録・河内）、宗像朝臣（宗形朝臣。録・右京。宗像―筑前国宗像郡の宗像大宮司、長門陸奥にもあり。深田、嶺―宗像社祠官。許斐―筑前人。黒川、長野、兵藤、稲本、長沼―宗像大宮司一族。横大路、矢津―筑前人。中郡、加茂部―常陸人。大関―常陸国真壁郡大関住人、後に下野国那須にあって武家華族）、宗像宿祢、名草直、名草宿祢、宗形部、穴太連、益城連、大神君（筑前国那珂郡）。
椯田勝（豊前国京都郡）、大神椯田朝臣（同上族）。

(3)信越地方……出雲の大穴持命の子の建沼河男命が越君の祖となり、その兄弟という建御名方命が神武の大和侵攻に抗して敗れ、信州諏訪に遷して諏訪神族の祖となった。
洲羽君、須羽直、神人部（杵淵、野田―信濃国更級郡人。有賀、中沢、真志野、梶沢〔栩沢、胡桃沢〕、上原、古田―信濃人）、神人部直（今井―信州埴科郡今井村人。宮本―同州安曇郡仁科荘宮本村人）、神人部宿祢（守屋〔守矢〕―信州諏訪社神長官。白川〔白河〕―同筑摩郡人、称藤原姓。八島〔矢島〕―上社五官権祝、正平の叙位口宣案には神朝臣姓。矢島の一族に真志野、大井、桑原、栗林、小野、今田、佐久）。また、諏訪上社の祢宜小出（小井弖。伊那郡住で、神人部宿祢姓か。為憲流藤原氏という信濃の小出・有坂や尾張中島郡での武家華族小出も本来、同族か）、副祝長坂などの諸氏は、八島と同様、建御名方命の子孫と伝え、姓氏は不明も一族。早出氏や下社権祝などの山田氏は神姓という。

神人部直（金刺舎人直の改姓）、神人部宿祢（同上族。諏訪〔諏方〕―諏訪上社大祝、嫡流は武家華族で、諏訪神党として諏訪・伊那郡等に一族繁多。宮下、足羽、金山、桑原、宮川、小田切、白須、下平、中尾、沖、海口、宮崎、中島、長山、茅野〔千野〕、藺屋、小島、中野、桜山、大妻、矢崎、風間、若尾、平島、平方、矢島、栗沢、遠山、向山、中村、西保、真野、肥間、深沢、皆野、津波木、沢、岩波、高木、元沢、浜、神野、花岡、平井、神内、植田、小坂、原、金子、宮阪、藤森、内堀、塩沢、芦沢―以上は信州諏訪郡等に居住の諏訪神党。宮所、平出、藤沢、松島、座光寺、福島、有賀、栗原、高遠、栗林、一瀬―伊那郡に住。関屋、寺尾―埴科郡に住。四宮、横田―更級郡に住。笠原―高井郡人。

以下も神党出身である。知久―信濃国伊那郡神峯住、途中に他人舎人直より入嗣あり、幕臣交代寄合衆。小林、虎岩―知久同族。上原―諏訪郡人で諏訪下社造祝、分れて丹波国何鹿郡物部に移ったのは中世大族で称平姓、苗字を物部ともいう。志賀―同何鹿郡人。安部―駿河国安部谷住人、武家華族。保科―信州高井郡保科住のち伊那郡に移り、武家華族、一族に藤沢、西郷。伊奈―三河住で関東郡代家、ただ系譜に疑問もあり。中沢―信濃国伊那郡住、出雲国牛尾庄に分る。牛尾〔潮〕、菅〔須我〕―出雲国大原郡の中沢一族。保坂〔穂坂〕―甲斐国巨摩郡保坂より起る。中丸―甲州巨摩郡中丸に起る。片倉―信州伊那郡片倉郷より起り、武州陸奥に分れ伊達氏重臣。三塚―信濃に起り、陸奥玉造郡にもあり。真山―高井郡に起り、陸奥玉造郡に遷。神―甲斐に起り、陸奥糠部郡に遷住。平林―信濃国埴科郡人、分れて豊後国海部郡に住して称津守姓。寺尾―武蔵国橘樹郡人。大隅国始良郡の上井邑に起る上井・諏訪氏は大神姓と称したが、具体的な出自は不明。常陸国久慈郡佐竹の諏訪神社祠官の二方も、本姓神氏という、信濃諏訪祠官にも二方あり)。

越君(高志君、古志公。榊―越後国頸城郡沼名川社祠官)、深江国造(深江―同郡沼川郷深江村人。金内―同郡金谷・谷内村地頭)。出羽俘囚に深江姓が見えるが、姓が不明も君姓か。深江朝臣もある。越後には深江国造同族で神部後裔の諸氏が見られ、頸城郡の直江氏が代表的存在である(藤原京家流とも称し、一族に柏崎、泉沢、大比良)。

(4)その他伊勢・吉備などの諸国

近江ノ神人部、神人部直(今井—信州埴科郡今井村人。宮本—同州安曇郡仁科荘宮本村人)、掃部首、掃部君、神掃石公、神人、神人公、大神掃石朝臣(同上族の賜姓で、出雲国島根郡人)、神部直(神直)、吉備品治部、葦浦君、的大神直。

宇治土公(宇治公。二見—伊勢国度会郡二見郷より起る。宇治土公—同度会郡住、皇太神宮宇治大内人。宇治—伊勢内宮祢宜。原—内宮地下権禰宜)、石辺公(石部君。録・左京、山城)、石部直(磯部直。磯、御巫—伊勢国多気郡人。多気郡に起り伊勢外宮の木綿作内人の北川も同族か)、磯部(石部。磯辺—伊勢神宮物忌父、称荒木田神主)。

鴨藪田公、鴨部首、鴨部、賀茂首、賀茂宿祢。備前国児島郡の鴨直も同族か。
○『姓氏録』では三輪氏族のなかに包括して入れられるが、神武前代に分かれた天八現津彦命の後裔としては、次の通り。この一族は、三島溝咋耳命(葛城・鴨氏族の祖で、少彦名神)の子孫のようにも伝えるが、これは系譜の混同で、三島溝咋耳命は母系の祖である。
畿内では、依羅《よさみ》我孫(依網吾彦)、我孫(録・摂津)、我孫宿祢、住道首(録・摂津未定雑姓。植松—摂津住人)、神奴、依羅物忌、長柄首(録・大和神別)、野実連(録・左京未定雑姓)。長江忌寸を長柄首の後とみる太田亮博士説もある。

この同族では諸国に、長我孫、長宗宿祢(長統宿祢。浦鬼—武蔵江戸の神田明神及び山王社社家。甫鬼山—土佐国人、長岡郡甫喜山邑より起る。神田明神社家)、長公(録・和泉)、長直(長費)、長宿祢(長我宿祢)、長朝臣。阿波の長部、長部宿祢も同族か。

土佐凡直（もと都佐公姓か。本山、土佐—土佐国土佐郡人、本山は八木宿祢姓かともいう。高岡郡居住の在庁、蓮池氏も同族か。土佐神社祠官に石谷〔のち公文〕、永吉、国実、山本、宮窪、橋詰、野中、大塚、野ノ内などの諸家があり、これらは族裔か。長岡郡の植田・吉田など、香美郡の韮生・有島・有川も族裔か。有島はのち肥後・日向に遷）、波多公（波多国造の姓氏とみられ、幡多郡枚田郷に起る平田、土佐郡の大高坂も国造族裔か。土佐郡の秦泉寺や中世の大族、長曽我部も同族か、後掲。吾川郡に拠った吉良・久万も同族か）、神依田公（土佐郡人。下元—土佐国高岡郡人で津野家臣）、賀茂（同上改姓）。吾川直も土佐国吾川郡に起る氏で、波多国造ないし土佐国造の族か。

意岐国造（大私部直姓か。億岐—隠岐国周吉郡下西村の惣社祠官家、文化頃から隠岐臣姓を自称。吉田—中世に国造と見え、族裔か）、海部直（海士郡の公文・田所両職で在庁の村上は族裔か）、磯部直。
●長我孫・長公氏は阿波国那賀郡に起り、その対岸の紀伊国にも遷住した。伊都郡隅田荘に中世繁衍した隅田党はこの後裔で、本姓長我宿祢とみられる。隅田党は隅田八幡宮別当・隅田荘下司公文職の称藤原姓隅田氏を中心とする異姓（文宿祢姓上田氏など）も含む族的結合である。一族には、葛原、境原、花岡（華岡）、小西、吉田、野口などの諸氏。
隅田党に属する諸氏には、前掲のほか、渋草、山内、垂井、芋生、兵庫、中島、中下、神瀬、尾崎、岩倉、小島、平野、塙坂、松岡、西山、竹田などある（姓氏・系譜は不明）。
●波多国造の族裔の一つが、同音のハタで秦姓（朝臣姓でも見える）と称した土佐国長岡郡岡豊の長宗我部〔長曽我部〕氏と推される。その姓氏は不明も、宗我部の可能性もあろう。長岡郡宗部・江村郷（南国市岡豊一帯）に移住以前は、土佐郡高坂郷辺りに居たものか。ただ、途中で京の武官秦宿祢から入嗣の可能性もあるが。

その一族は、長岡・香美郡を中心に中世に繁衍して、江村、久礼田、広井、岡本、中島、野田、上村、国吉、中野、大黒、久富、宍崎、光富〔光留〕、寺田、馬場、乙地、南、二階、瀬本、西和田、蒲原、益田、戸波、比江山、島、町など。土佐郡人の国沢。吾川郡郡領の秦勝も同族であったか。吾川郡杓田の大黒は、長宗我部一族で、秦姓を称した。

幡多郡で惟宗姓を称した浦田、福井などの諸氏は波多国造族裔か。高岡郡の中越は長谷部朝臣姓と称したが、波多ないし土佐国造の族裔か。

【著者】

宝賀　寿男（ほうが・としお）
昭和21年（1946）生まれ。東大法卒。大蔵省を経て、弁護士。古代史、古代氏族の研究に取り組み、日本家系図学会会長、家系研究協議会会長などを務める。
著書に『古代氏族系譜集成』（古代氏族研究会）、『巨大古墳と古代王統譜』（青垣出版）、『「神武東征」の原像』（青垣出版）、『神功皇后と天日矛の伝承』（法令出版）、『越と出雲の夜明け』（法令出版）、『豊臣秀吉の系図学』（桃山堂）など、著作・論考が多数。
「古代氏族の研究」シリーズは①『和珥氏—中国江南から来た海神族の流れ』、②『葛城氏—武内宿祢後裔の宗族』、③『阿倍氏—四道将軍の後裔たち』、④『大伴氏—列島原住民の流れを汲む名流武門』、⑤『中臣氏—卜占を担った古代占部の後裔』、⑥『息長氏—大王を輩出した鍛冶氏族』、⑦『三輪氏—大物主神の祭祀者』、⑧『物部氏—剣神奉斎の軍事大族』、⑨『吉備氏—桃太郎伝承をもつ地方大族』、⑩『紀氏・平群氏—韓地・征夷で活躍の大族』、⑪『秦氏・漢氏—渡来系の二大雄族』、⑫『尾張氏—后妃輩出の伝承をもつ東海の雄族』、⑬『天皇氏族—天孫族の来た道』、⑭『蘇我氏—権勢を誇った謎多き古代大族』、⑮『百済氏・高麗氏—韓地から渡来の名族』の15作。

古代氏族の研究⑦
三輪氏—大物主神の祭祀者

2015年　8月3日　初版印刷
2020年　6月1日　第2刷発行

著　者　宝　賀　寿　男
発行者　靍　井　忠　義

発行所　有限会社　青　垣　出　版
〒636-0246 奈良県磯城郡田原本町千代３８７の６
電話 0744-34-3838　Fax 0744-47-4625
e-mail　wanokuni@nifty.com

発売元　株式会社　星　雲　社
〒112-0005 東京都文京区水道１－３－３０
電話 03-3868-3275 Fax 03-3868-6588

印刷所　株式会社　ＴＯＰ印刷

printed in Japan　ISBN 978-4-434-20825-6

青垣出版の本

宝賀 寿男著　古代氏族の研究シリーズ

①**和珥氏**—中国江南から来た海神族の流れ
ISBN978-4-434-16411-8
Ａ５判１４６ページ　本体1,２００円

②**葛城氏**—武内宿祢後裔の宗族
ISBN978-4-434-17093-5
Ａ５判１３８ページ　本体1,２００円

③**阿倍氏**—四道将軍の後裔たち
ISBN978-4-434-17675-3
Ａ５判１４６ページ　本体1,２００円

④**大伴氏**—列島原住民の流れを汲む名流武門
ISBN978-4-434-18341-6
Ａ５判１６８ページ　本体1,２００円

⑤**中臣氏**—卜占を担った古代占部の後裔
ISBN978-4-434-19116-9
Ａ５判１７８ページ　本体1,２００円

⑥**息長氏**—大王を輩出した鍛冶氏族
ISBN978-4-434-19823-6
Ａ５判２１２ページ　本体1,４００円

⑦**三輪氏**—大物主神の祭祀者
ISBN978-4-434-20825-6
Ａ５判２０６ページ　本体1,３００円

⑧**物部氏**—剣神奉斎の軍事大族
ISBN978-4-434-21768-5
Ａ５判２６４ページ　本体1,６００円

⑨**吉備氏**—桃太郎伝承をもつ地方大族
ISBN978-4-434-22657-1
Ａ５判２３６ページ　本体1,４００円

⑩**紀氏・平群氏**—韓地・征夷で活躍の大族
ISBN978-4-434-23368-5
Ａ５判２２６ページ　本体1,４００円

⑪**秦氏・漢氏**—渡来系の二大雄族
ISBN978-4-434-24020-1
Ａ５判２５８ページ　本体1,６００円

⑫**尾張氏**—后妃輩出の伝承をもつ東海の雄族
ISBN978-4-434-24663-0
Ａ５判２５０ページ　本体1,６００円

⑬**天皇氏族**—天孫族の来た道
ISBN978-4-434-25459-8
Ａ５判２９５ページ　本体2,０００円

⑭**蘇我氏**—権勢を誇った謎多き古代大族
ISBN978-4-434-26171-1
Ａ５判２８４ページ　本体1,９００円

⑮**百済氏・高麗氏**—韓地から渡来の名族
ISBN978-4-434-26972-1
Ａ５判２６１ページ　本体1，９００円